令状審査の理論と実務
【第三版】

東京簡易裁判所判事 三 好 一 幸 著

司 法 協 会

初版はしがき

　司法協会から依頼されて，３冊目の本を執筆することになった。幸いなことに，１冊目の「略式手続の理論と実務」と２冊目の「刑事公判の理論と実務」については，短期間のうちに増刷がなされており，この場を借りて感謝を申し上げたい。

　令状手続については，情報処理の高度化等に対処するために刑事訴訟法が改正され（平成23年法律第74号），新たな電磁的記録の証拠収集方法として，記録命令付差押え，リモートアクセスによる複写の処分等が整備され，同法は平成24年６月から施行されている。

　また，最近数年は，国税局，税関，証券取引等監視委員会，公正取引委員会等の行政手続に基づく令状の割合が増加してきており，東京簡易裁判所においても，平成25年度における令状請求件数の約15パーセントを占めるまでになっている。

　そこで，従来の令状手続の論点に加えて，これらの新たな令状についても記述をすることにした。

　　平成26年２月

　　　　　　　　　　　　　　　　　　　　　　　　　　　三　好　一　幸

第二版はしがき

　本書の初版発行から６年が経過した。その間の関係法令の改正として，裁量保釈に関する刑訴法90条の改正，国税犯則取締法の廃止と国税通則法への編入（平成30年４月施行），独占禁止法の改正（令和２年１月施行）等がなされている。

　第二版では，これらの多くの法改正に合わせて関連する箇所の記述を改め，平成31年までの勾留・保釈等についての最高裁判所判例や，GPS捜査についても加筆をして，ここに第二版を発行することになった。

　　令和２年３月

　　　　　　　　　　　　　　　　　　　　　　　　　　　三　好　一　幸

第三版はしがき

　本書の第二版発行から4年が経過した。その間の関係法令の重要な改正として，少年法等の一部を改正する法律（令和3年法律第47号，同4年4月1日施行）により18歳以上の特定少年について刑事事件の特例が定められ，刑事訴訟法等の一部を改正する法律（令和5年法律第28号，同5年5月17日公布）により個人特定事項の記載のない逮捕状や勾留状の制度が創設されている。

　第三版では，これらの法改正に合わせて関連する箇所の記述を改め，令和4年までの最高裁判所判例等を新たに加えて，ここに第三版を発行することになった。

　　　令和6年3月

　　　　　　　　　　　　　　　　　　　　　　　　　三　好　一　幸

目　　次

文献，判例凡例

刑集	最高裁判所刑事判例集
裁判集刑	最高裁判所裁判集刑事
民集	最高裁判所民事判例集
裁判集民	最高裁判所裁判集民事
高刑集	高等裁判所刑事判例集
高判特	高等裁判所刑事判決特報
東高刑時報	東京高等裁判所刑事判決時報
下刑集	下級裁判所刑事裁判例集
行例集	行政事件裁判例集
家裁月報	家庭裁判月報
刑事月報	刑事裁判月報
高検速報	高等裁判所刑事裁判速報
判例解説	最高裁判所判例解説刑事篇
判時	判例時報
判タ	判例タイムズ
規則逐条	刑事訴訟規則逐条説明　捜査・公訴（法曹会）
条解刑訴	条解刑事訴訟法第5版（弘文堂，令和4年発行）
大コン刑訴	大コンメンタール刑事訴訟法第二版（青林書院）
基本問題上・下	増補令状基本問題上・下（判例時報社）
解釈運用〔逮〕	逮捕・勾留に関する解釈と運用（司法協会）
解釈運用〔捜〕	捜索差押等に関する解釈と運用（同）
別冊判タⅡ	別冊判例タイムズ35（判例タイムズ社）
実務詳解	令状実務詳解（立花書房）
法	刑事訴訟法
規則	刑事訴訟規則

第1章　令状主義

第1　任意捜査と強制捜査

> 捜査については，その目的を達するため必要な取調をすることができる。但し，強制の処分は，この法律に特別の定のある場合でなければ，これをすることができない。　　　　　　　　　　　　　　　　　　　　（法197条1項）

1　任意捜査と強制捜査

法197条1項本文による捜査が任意捜査，但書による捜査が強制捜査と通称されている。

捜査官は，捜査の目的を達するため必要な捜査活動一般をすることができる。ただし，強制捜査は，刑事訴訟法に特別の定めがある場合でなければ，することができない。

(1)　任意捜査

任意捜査は，強制の処分を用いない捜査である。

任意捜査としては，被疑者の出頭要求，取調べ（法198条1項），第三者の出頭要求，取調べ（法223条1項前段），鑑定等の嘱託（法223条1項後段），任意提出された物の領置（法221条）等がある。

(2)　強制捜査

強制捜査は，強制の処分を用いる捜査である。

強制捜査としては，令状なしで許されるものとして，現行犯逮捕，緊急逮捕，逮捕に伴う捜索・押収等があり，令状があれば許されるものとして，通常逮捕，勾留，捜索，差押え，記録命令付差押え，検証，身体検査等がある。

2　任意捜査の原則

同一の目的を任意捜査で達し得る場合は，強制捜査を避けて任意捜査によるべきであり，強制捜査によって生じる弊害がそれによって得られる利益より不均衡に大きい場合は，強制捜査は許されない。

3　任意捜査における有形力行使の限度

任意捜査においても，一定の限度において有形力の行使が許容される場合がある。

【判例①】捜査において強制手段を用いることは，法律の根拠規定がある場合に限り許容されるものである。しかしながら，ここにいう強制手段とは，有形力の行使を伴う手段を意味するものではなく，個人の意思を制圧し，身

体，住居，財産等に制約を加えて強制的に捜査目的を実現する行為など，特別の根拠規定がなければ許容することが相当でない手段を意味するものであって，右の程度に至らない有形力の行使は，任意捜査においても許容される場合があるといわなければならない。ただ，強制手段にあたらない有形力の行使であっても，何らかの法益を侵害し又は侵害するおそれがあるのであるから，状況のいかんを問わず常に許容されるものと解するのは相当でなく，必要性，緊急性などをも考慮したうえ，具体的状況のもとで相当と認められる限度において許容されるものと解すべきである。(最3小決昭51・3・16刑集30巻2号187頁，判時809号29頁，判タ335号330頁)

4　任意捜査と強制捜査の区別

(1)　おとり捜査

ア　おとり捜査の意義

おとり捜査は，捜査機関又はその依頼を受けた捜査協力者が，その身分や意図を相手方に秘して犯罪を実行するように働き掛けを行い，相手方がこれに応じて犯罪の実行に出たところを現行犯逮捕等により検挙する捜査手法である。

イ　おとり捜査の許容性

実務では，犯人に当初全く犯意がなく，おとりの働き掛けにより初めて犯意を生じた場合を**犯意誘発型**，犯人に当初から少なくとも概括的な犯意があり，おとりが犯行の機会を提供したにすぎない場合を**機会提供型**とし，犯意誘発型は違法，機会提供型は適法と考えられている。

次の決定は，一定の犯罪についておとり捜査が法197条1項に基づく任意捜査として許容されるとの判断を示したものである。

【判例②】直接の被害者がいない薬物犯罪等の捜査において，通常の捜査方法のみでは当該犯罪の摘発が困難である場合に，機会があれば犯罪を行う意思があると疑われる者を対象におとり捜査を行うことは，刑訴法197条1項に基づく任意捜査として許容されるものと解すべきである。(最1小決平16・7・12刑集58巻5号333頁，判時1869号133頁，判タ1162号137頁)

(2)　Nシステム

Nシステム（自動車ナンバー自動読取りシステム）については，これにより国民の私生活上の自由が違法に侵害されているとはいえない。

【判例③】Nシステムは特定のナンバープレートの車両がNシステム端末の設置された公道上の特定の地点を一定方向に向けて通過したとの情報を集める。法律上公道を自動車が走行する際には，ナンバープレートが外部から容易

に認識しうる状態にしなければならないから，Ｎシステムによって取得された情報は警察を含む公権力に対して秘匿されるべき情報であるとはいえず，警察を含む公権力がこの情報を取得しても憲法13条が保障する個人の私生活上の自由を直ちに侵害するものとはいえない。（東京高判平17・1・19高刑集58巻1号1頁，判時1898号157頁，判タ1183号345頁）

(3)　容ぼうの写真撮影

　　人の容ぼう等の写真撮影については，人は，みだりに自己の容ぼう等を撮影されないということについて，法律上保護されるべき人格的利益を有する。

【判例④】写真週刊誌のカメラマンが，刑事事件の被疑者の動静を報道する目的で，勾留理由開示手続が行われた法廷において，手錠をされ，腰縄を付けられた状態の被疑者の容貌，姿態を，裁判所の許可を受けることなく撮影した行為は，不法行為法上違法である。（最1小判平17・11・10民集59巻9号2428頁，判時1925号84頁，判タ1203号74頁）

【判例⑤】捜査機関において被告人が強盗殺人等事件の犯人である疑いを持つ合理的な理由が存在し，かつ，同事件の捜査に関して行われたビデオ撮影が，防犯ビデオに写っていた人物の容ぼう，体型等と被告人の容ぼう，体型等との同一性の有無という犯人の特定のための重要な判断に必要な証拠資料を入手するため，これに必要な限度において，公道上及び不特定多数の客が集まるパチンコ店内にいる被告人の容ぼう等を撮影したものであるなど判示の事実関係の下では，これらのビデオ撮影は，捜査活動として適法である。（最2小決平20・4・15刑集62巻5号1398頁，判時2006号159頁，判タ1268号135頁）

(4)　ＤＮＡ型検査の資料の採取

【判例⑥】警察官らが，身柄を拘束されておらず，相手が警察官であることを認識していない被告人に対し，そのＤＮＡ型検査の資料を得るため，紙コップを手渡してお茶を飲むように勧め，そのまま廃棄されるものと考えた被告人から同コップを回収し，唾液を採取した行為は，合理的に推認される被告人の黙示の意思に反して個人識別情報をむやみに捜査機関によって認識されないという重要な利益を侵害しており，強制処分に該当し，令状によることなくされたもので違法である。（東京高判平28・8・23高刑集69巻1号16頁，判タ1441号77頁）

【判例⑦】被疑者が口腔内細胞の採取について任意提出，鑑定承諾，所有権放棄などの内容を認識して書面に署名・指印して綿棒による唾液採取したことを任意捜査として是認した事例。（東京高判令3・3・3高検速報令和3年

129頁）

第 2　法定手続の保障

> 何人も，法律の定める手続によらなければ，その生命若しくは自由を奪は
> れ，又はその他の刑罰を科せられない。　　　　　　　　　　（憲法31条）

憲法31条は，人身の自由についての基本原則を定めた規定である。

第 3　令状主義
1　令状の意義
令状とは，強制処分を認める裁判書である。
2　令状主義
令状主義とは，強制処分には裁判官の令状を必要とする原則をいう。
(1)　逮捕に対する保障

> 何人も，現行犯として逮捕される場合を除いては，権限を有する司法官憲が
> 発し，且つ理由となつてゐる犯罪を明示する令状によらなければ，逮捕されな
> い。　　　　　　　　　　　　　　　　　　　　　　　　　　（憲法33条）

憲法33条は，逮捕について令状主義の原則を定め，人身の自由を保障して
いる。
(2)　捜索・押収に対する保障

> 何人も，その住居，書類及び所持品について，侵入，捜索及び押収を受ける
> ことのない権利は，第33条の場合を除いては，正当な理由に基いて発せられ，
> 且つ捜索する場所及び押収する物を明示する令状がなければ，侵されない。
> 　　　　　　　　　　　　　　　　　　　　　　　　　　　（憲法35条 1 項）

憲法35条は，捜索，押収について令状主義の原則を定め，住居，所持品の
プライバシーを保障している。

【判例⑧】証拠物の押収等の手続に憲法35条及びこれを受けた刑訴法218条 1 項等
の所期する令状主義の精神を没却するような重大な違法があり，これを証
拠として許容することが将来における違法な捜査の抑制の見地からして相
当でないと認められる場合においては，その証拠能力は否定されるべきで
ある。（最 1 小判昭53・9・7 刑集32巻 6 号1672頁，判時901号15頁，判タ
369号125頁）

(3)　一般的令状の禁止（許可状の個別主義）

> 捜索又は押収は，権限を有する司法官憲が発する各別の令状により，これを行ふ。　　　　　　　　　　　　　　　　　　　　　　（憲法35条2項）

　憲法35条2項は，いわゆる**一般的令状**を禁止する趣旨であり，令状の個別主義を要求している。

　各別の令状というのは，1個の捜索又は押収には各々1通の令状を必要とすること，すなわち，捜索又は差押えにつき，それぞれ機会を異にし，あるいは場所を異にし，さらには事件を異にするごとに，各別の令状を必要とするという趣旨である。

第4　令状の請求権者
1　刑事手続に基づく請求権者
(1)　検察官，検察事務官，司法警察職員（司法警察員，司法巡査）
(2)　特別司法警察職員
　ア　麻薬取締官
　イ　自衛官のうちの警務官
　ウ　海上保安官
　エ　労働基準監督官等
2　行政手続に基づく請求権者
　国税庁，国税局，税務署職員（国税通則法）
　税関職員（関税法）
　証券取引等監視委員会職員（金融商品取引法）
　公正取引委員会職員（独占禁止法）
　入国警備官（出入国管理法）
　保護観察所長・地方更生保護委員会（更生保護法）

第5　刑事訴訟法等の一部を改正する法律
　刑事訴訟法等の一部を改正する法律（令和5年法律第28号，以下「改正法」という。）が，令和5年5月17日に公布された。

　このうち，令状に関する主な改正内容と施行日は以下のとおりである。
1　改正法の施行日

> 　この法律は，公布の日から起算して5年を超えない範囲内において政令で定める日から施行する。ただし，次の各号に掲げる規定は，当該各号に定める日から施行する。(以下略)　　　　　　　　　　　　　　　　　　　(附則1条)

2　令状に関する主な改正

改正内容	改正法の主な規定	施行日
拘禁刑以上の刑に処する判決の宣告後における裁量保釈の要件の明確化	刑訴法344条2項	令和5年6月6日 (附則1条2号)
被疑者に対して個人特定事項の記載のない逮捕状又は勾留状の抄本等を呈示する制度の創設	刑訴法201条の2 207条の2等	令和6年2月15日 (附則1条4号)
勾留質問手続等において個人特定事項を明らかにしない方法で被疑事実を告知する制度の創設		
保釈又は勾留執行停止をされた者に対する監督者制度の創設	刑訴法98条の4 98条の8等	公布の日から起算して1年以内 (附則1条5号)
位置測定端末により保釈された者の位置情報を取得する制度の創設	刑訴法98条の12 98条の18 98条の19 98条の24等	公布の日から起算して5年以内 (附則1条本文)

第2章　通常逮捕状

> 検察官，検察事務官又は司法警察職員は，被疑者が罪を犯したことを疑うに足りる相当な理由があるときは，裁判官のあらかじめ発する逮捕状により，これを逮捕することができる。ただし，30万円（刑法，暴力行為等処罰に関する法律及び経済関係罰則の整備に関する法律の罪以外の罪については，当分の間，2万円）以下の罰金，拘留又は科料に当たる罪については，被疑者が定まつた住居を有しない場合又は正当な理由がなく前条の規定による出頭の求めに応じない場合に限る。　　　　　　　　　　　　　　　（法199条1項）

第1　通常逮捕

1　逮捕の意義

刑事訴訟法にいう**逮捕**とは，捜査機関が実力をもって被疑者の身体を拘束し，引き続き一定の時間拘束の状態を続けることである。

2　通常逮捕の意義

通常逮捕とは，捜査機関が，あらかじめ逮捕状を得て被疑者を逮捕する場合をいう。

第2　通常逮捕の要件

法199条1項は，通常逮捕の要件を定めている。

1　通常逮捕の形式的要件

通常逮捕の形式的要件は，逮捕状の存在である。

2　通常逮捕の実体的要件

通常逮捕の実体的要件は，逮捕の理由及び逮捕の必要性の存在である。

(1)　逮捕の理由

逮捕の理由とは，被疑者が罪を犯したことを疑うに足りる相当な理由が存在していることである。

　ア　「罪」

　　「罪」とは，具体性のある特定の犯罪のことである。

　イ　「相当な理由」

　　「相当な理由」とは，捜査機関の単なる主観的嫌疑では足りず，特定の犯罪の存在及び同犯罪と特定の被疑者の結び付きについての証拠資料に裏

付けられた客観的・合理的な嫌疑でなければならない。

　ウ　嫌疑の程度

　　通常逮捕の実質的要件としての嫌疑は，捜索差押許可状の要件である犯罪の嫌疑（第7章第2の1(2)，110頁）よりも高いものが必要であるが，緊急逮捕の要件である「十分な理由」（法210条1項）や勾留の要件である「相当な理由」（法60条1項）よりは低いものでよい。（後記64頁）

　　また，逮捕は捜査の初期の段階であることから，公訴提起をするための嫌疑，有罪判決をするための確信の程度までは必要ない。

　エ　逮捕状請求・発付の違法性の判断

　　逮捕状請求・発付の違法性の判断については，逮捕状請求・発付の時点において犯罪の嫌疑について相当な理由があり，かつ，必要性が認められる限りは適法であり，その時点において収集された各種の証拠資料を総合勘案して合理的な判断過程により有罪と認められる嫌疑があれば足りる（**職務行為基準説**）とするのが判例・多数説である。

【判例⑨】「罪を犯したことを疑うに足りる相当な理由」とは，事後的に審査した結果，捜査機関による逮捕状の請求のなされた当時すでに収集されていた手持ちの捜査資料すべてに基づき，合理的な判断過程により，被疑者が当該犯罪を犯したことを相当高度に是認しうる嫌疑があると認められることである。（東京地判平16・3・17判時1852号69頁，判タ1150号160頁）

【判例⑩】刑事手続進行中に，被疑事実の不存在を理由とし，逮捕状の請求及び発付が違法であるとして国家賠償を請求することは許されない。（最2小判平5・1・25民集47巻1号310頁，判時1477号49頁，判タ833号127頁）

　(2)　逮捕の必要性

　　裁判官は，被疑者が罪を犯したことを疑うに足りる相当な理由があると認めるときは，検察官又は司法警察員（警察官たる司法警察員については，国家公安委員会又は都道府県公安委員会が指定する警部以上の者に限る。次項及び第201条の2第1項において同じ。）の請求により，前項の逮捕状を発する。ただし，明らかに逮捕の必要がないと認めるときは，この限りでない。

　　　　　　　　　　　　　　　　　　　　　　　　　　　　　　（法199条2項）

　　法199条2項は，逮捕状発付の要件を定めている。

　　逮捕の必要性とは，逃亡又は罪証隠滅のおそれがあることである。

　ア　逮捕の必要性の判断の可否

　　裁判官が逮捕の必要性について判断できることについては，法199条2

項但書により明らかにされている。

イ　逮捕の必要性の判断

　必要性については，ただし書という形式からも，「明らかに必要のないとき」に限り請求を却下すべきものとする消極的な規定ぶりからも明らかなように，逮捕が必要であるという確信を得ることまでは必要ではない。むしろ，提出された資料や，裁判官の取調べによって，裁判官が必要性の有無につき明確な判断に到達しえないときは，結局このただし書に該当しないことになり，請求を認めるべきこととなる。(大コン刑訴第 4 巻201頁)

ウ　将来発生する犯罪のための逮捕状

　法199条 2 項は，既に発生した犯罪を対象としていることが明らかであり，将来発生する犯罪のために逮捕状を発付することはできない。

エ　明らかに逮捕の必要がない場合

　逮捕状の請求を受けた裁判官は，逮捕の理由があると認める場合においても，被疑者の年齢及び境遇並びに犯罪の軽重及び態様その他諸般の事情に照らし，被疑者が逃亡する虞がなく，かつ，罪証を隠滅する虞がない等明らかに逮捕の必要がないと認めるときは，逮捕状の請求を却下しなければならない。

(規則143条の 3)

　　規則143条の 3 の「等」はあくまでも逃亡及び罪証隠滅のおそれがないことと並んで，逮捕の必要がない場合を表示しているものであって，逃亡又は罪証隠滅のおそれがないとはいえないけれども，犯罪が軽微である等諸般の状況を総合的に考察して，身柄を拘束することが健全な社会の常識に照らし明らかに不穏当と認められる場合をさすと解するのが，通説である。(大コン刑訴第 4 巻203頁)

【判例⑪】在留外国人に対する指紋押なつ制度の撤廃を求める運動に参加していた者が，指紋押なつを拒否した事件で逮捕されたが，同人の生活は安定したものであり，警察署が逮捕状の請求時までに同人が指紋押なつ拒否に関する証拠を相当程度有していたのであるから，逃亡のおそれおよび指紋押なつをしなかったとの事実に関する罪証隠滅のおそれが強いものであったということはできない。しかし，同人が捜査機関による 5 回にわたる任意出頭の要求に対して正当な理由がなく出頭せず，また，同人の行動には組織的な背景が存することがうかがわれたこと等に鑑みると，明らかに逮捕の必要がなかったということはできない。(最 2 小判平10・9・7 裁判集民189号613頁，判時1661号70頁，判タ990号112頁)

第3　通常逮捕状の請求

1　通常逮捕状の請求権者

通常逮捕状を請求することができる者は，検察官と司法警察員である。

警察官の場合，国家公安委員会又は都道府県公安委員会によって指定された警部以上の者でなければ請求権がない（法199条2項，前記34頁）。

2　通常逮捕状の請求先

> 検察官，検察事務官又は司法警察職員の裁判官に対する取調，処分又は令状の請求は，当該事件の管轄にかかわらず，これらの者の所属の官公署の所在地を管轄する地方裁判所又は簡易裁判所の裁判官にこれをしなければならない。但し，やむを得ない事情があるときは，最寄の下級裁判所の裁判官にこれをすることができる。　　　　　　　　　　　　　　　　　　　　（規則299条1項）
>
> 前項の請求は，少年事件については，同項本文の規定にかかわらず，同項に規定する者の所属の官公署の所在地を管轄する家庭裁判所の裁判官にもこれをすることができる。　　　　　　　　　　　　　　　　　　　　　　　（同条2項）

3　通常逮捕状請求の方式

(1)　令状請求の方式

> 令状の請求は，書面でこれをしなければならない。　　　（規則139条1項）

令状の重要性に鑑み，その請求に当たっては明確性を期するため必ず書面によることとされている。

(2)　請求書謄本の添附

> 逮捕状の請求書には，謄本1通を添附しなければならない。　　（同条2項）

その数が極めて多く人権上も重要な関係を持つ逮捕状請求の場合は，請求書の謄本一通の提出を求め，裁判所においてこれに必要事項を記入して整理保存しようとしたものである。（規則逐条2頁）

(3)　同一事実の再逮捕の場合の通知

> 検察官又は司法警察員は，第1項の逮捕状を請求する場合において，同一の犯罪事実についてその被疑者に対し前に逮捕状の請求又はその発付があつたときは，その旨を裁判所に通知しなければならない。　　　　　　（法199条3項）

4　逮捕状請求書の記載要件

> 　逮捕状の請求書には，次に掲げる事項その他逮捕状に記載することを要する事項及び逮捕状発付の要件たる事項を記載しなければならない。
>
> 一　被疑者の氏名，年齢，職業及び住居
> 二　罪名及び被疑事実の要旨
> 三　被疑者の逮捕を必要とする事由
> 四　請求者の官公職氏名
> 五　請求者が警察官たる司法警察員であるときは，法第199条第 2 項の規定による指定を受けた者である旨
> 六　7 日を超える有効期間を必要とするときは，その旨及び事由
> 七　逮捕状を数通必要とするときは，その旨及び事由
> 八　同一の犯罪事実又は現に捜査中である他の犯罪事実についてその被疑者に対し前に逮捕状の請求又はその発付があつたときは，その旨及びその犯罪事実
>
> 　　　　　　　　　　　　　　　　　　　　　　　　　（規則142条 1 項）

　規則142条 1 項各号の定める記載要件については，以下のとおりである。

(1)　1 号は，被疑者を特定するための事項である。

(2)　2 号は，罪名及び被疑事実の要旨を記載すべきものとしている。

ア　被疑事実の要旨

　　被疑事実の要旨の記載については，捜査の初期の段階であるから，被疑事実の詳細まで確定していなければならないものではないが，事実の同一性の判断が可能な程度に特定されている必要がある。

イ　5 何の原則（5 W〔Who, When, Where, Whom, What〕の原則）

　　被疑事実の記載にあたっては，犯罪の特別構成要件事実の記載をしなければならない。そのために，「だれが（被疑者が）」「いつ（犯罪の日時）」「どこで（犯罪の場所）」「だれに（被害者）」「何をした（犯罪の結果）」かを明らかにしなければならない。

(3)　3 号は，被疑者の逮捕を必要とする事由の記載を要求している。

　　逃亡するおそれ及び罪証を隠滅するおそれについては，具体的に記載する必要がある。

(4)　4 号は，請求者の官公職氏名を記載すべきものとしている。

(5)　5 号は，通常逮捕状を請求する場合において，請求者が警察官たる司法警察員であるときに，法199条 2 項の規定による指定を受けた者である旨を記載すべきものとしている。

(6)　6 号は，7 日を超える有効期間を必要とする逮捕状を請求する場合に，そ

の旨及び事由を記載すべきものとしている。

　　　規則300条但書（後記42頁）の判断を求めるための記載である。

(7)　7号は，逮捕状請求者が逮捕状を数通必要とする場合にその旨及び事由を記載すべきものとしている。

　　　規則146条（後記47頁）に対応するものである。

(8)　8号は，同一の犯罪事実又は現に捜査中である他の犯罪事実について，その被疑者に対し前に逮捕状の請求又はその発付があったときは，その旨及びその犯罪事実を記載すべきものとしている。

　　　8号は，法199条3項（前記36頁）の規定を更に進めて，現に捜査中である他の犯罪事実についても記載すべき旨を規定したものである。

　ア　8号の目的

　　　8号の記載は，同一の犯罪事実による逮捕の蒸し返しや，同時捜査が可能な複数の犯罪事実について個別に逮捕を繰り返すことなど，理由のない逮捕の繰返しを防止する目的で求められており，これによって，逮捕の必要性を慎重に吟味することができるのである。

　イ　同一の犯罪事実

　　　同一の犯罪事実については，前に逮捕状を請求して却下されたり撤回したことがあった場合も必ず記載しなければならない。

　　　前の逮捕が現行犯逮捕である場合，8号の文理上は現行犯逮捕を含むと解することが困難であるため，請求者に記載を求めることまではできないが，理由のない逮捕の蒸し返しを防止するという趣旨からは，現行犯逮捕についても記載することが望ましいと考えられる。実務上も，逮捕状請求書に現行犯逮捕があった旨を記載する運用がなされている。

　ウ　他の犯罪事実

　　(ｱ)　起訴された場合

　　　　被疑者が「他の犯罪事実」で逮捕されて起訴された場合，その犯罪事実は「現に捜査中の犯罪事実」ではなくなるから，8号の記載事項に当たらない。ただし，逮捕状請求書に記載されている場合は，逮捕の必要性の判断の資料となることもあるので，削除までは必要ないと考えられる。

　　(ｲ)　処分保留で釈放された場合

　　　　起訴，不起訴の処分が保留で釈放された場合は，捜査は継続中であるため，8号所定の事項として記載を要する。（最2小決昭42・12・20裁判集刑165号487頁）

【判例⑫】規則142条1項8号所定の事項を記載していない逮捕状請求書により発付された逮捕状に基づく逮捕が，違法でないとされた事例。（東京高判昭48・10・16刑事月報5巻10号1378頁，判時727号102頁）

(9)　被疑者の氏名等が明らかでないとき

　ア　氏名が不詳の場合

> 被疑者の氏名が明らかでないときは，人相，体格その他被疑者を特定するに足りる事項でこれを指定しなければならない。　　　　　　（規則142条2項）

　イ　年齢等が不詳の場合

> 被疑者の年齢，職業又は住居が明らかでないときは，その旨を記載すれば足りる。　　　　　　　　　　　　　　　　　　　　　　　　（同条3項）

5　資料の提供

> 逮捕状を請求するには，逮捕の理由（逮捕の必要を除く逮捕状発付の要件をいう。以下同じ。）及び逮捕の必要があることを認めるべき資料を提供しなければならない。　　　　　　　　　　　　　　　　　　　　　　　　（規則143条）

(1)　資料提供の方法

　　資料提供の方法としては，請求書に資料の標目を掲げるだけでなく，捜査の過程で作成，収集された書類（例えば，捜査報告書，参考人の供述調書）や証拠物等の資料を裁判官に提出することによって行われる。しかし，場合によっては請求者が裁判官のもとに赴き，口頭で資料を補充することも許されよう。（規則逐条24頁）

(2)　捜査に当たった警察官の出頭

　　口頭で資料を補充するためには，その事件の捜査に当たった警察官が出頭して逮捕状を請求することが望ましい。

> 逮捕状を請求するに当つては，なるべくその事件の捜査に当つた警察官が裁判官のもとに出頭しなければならない。　　　　　　（犯罪捜査規範123条1項）

6　逮捕状請求者の意見聴取等

> 逮捕状の請求を受けた裁判官は，必要と認めるときは，逮捕状の請求をした者の出頭を求めてその陳述を聴き，又はその者に対し書類その他の物の提示を求めることができる。　　　　　　　　　　　　　　　　　　（規則143条の2）

　本条は，逮捕状の請求を受けた裁判官が**逮捕状請求者の陳述聴取**等をなし得る旨を定めた規定である。規則143条により逮捕状請求者が提供する逮捕の理由及び必要に関する資料が不十分で，それだけでは逮捕状発付の可否を判断することができない場合を考慮して定められたものである。（規則逐条24頁）

　出頭等を求められた者がこれに応ずる義務があることは言うまでもない。この義務違反に対する直接の制裁はないが，疎明不十分として請求が却下される場合があろう。（規則逐条26頁）

7　告訴の有無と強制捜査

　親告罪における告訴は訴訟条件であるから，一般論としては，告訴前であっても被疑者の逮捕等の強制捜査は許される。ただし，全ての告訴権者が告訴権を失った場合のように，公訴提起の可能性が全くない場合には，強制捜査は許されない。また，名誉毀損罪（刑法230条，232条）等のように被害者の名誉を考慮して親告罪とされている犯罪については，被害者の人権尊重に配慮し，強制捜査の必要性ないし緊急性について慎重に検討しなければならない。

　逮捕状を請求するに当つて，当該事件が親告罪に係るものであつて，未だ告訴がないときは，告訴権者に対して告訴するかどうかを確かめなりればならない。
　　　　　　　　　　　　　　　　　　　　　　　　　　　　　（犯罪捜査規範121条）

第4　通常逮捕状の発付

　【書式例1の1】通常逮捕状

　逮捕状には，被疑者の氏名及び住居，罪名，被疑事実の要旨，引致すべき官公署その他の場所，有効期間及びその期間経過後は逮捕をすることができず令状はこれを返還しなければならない旨並びに発付の年月日その他裁判所の規則で定める事項を記載し，裁判官が，これに記名押印しなければならない。
　　　　　　　　　　　　　　　　　　　　　　　　　　　　　　　（法200条1項）
　第64条第2項〔氏名不明のとき特定するに足る事項の記載〕及び第3項〔住居不明のとき記載不要〕の規定は，逮捕状についてこれを準用する。
　　　　　　　　　　　　　　　　　　　　　　　　　　　　　　　（同条2項）

1　被疑者の特定

　被疑者の氏名及び住居は，被疑者を特定するための記載であり，このほかに，職業，年齢を記載するのが通例である。
　捜査の初期の段階においては，被疑者の氏名や住居などが判明していない場

合もあるが，逮捕状における被疑者の特定は，誤った逮捕を防ぐという観点から，特定されているかどうかを検討すべきである。

【判例⑬】被疑者の特定について，逮捕状に，「通称井野上某，5尺5，6寸位，慎太郎刈り，22，3才」との記載は，逮捕状記載の被疑事実の記載と相まって優に被疑者を特定するに足りるものと認められる。（東京高判昭38・4・18東高刑時報14巻4号70頁）

被疑者の氏名が判明していなくても，被疑者の写真があれば，写真による特定も可能である。

【書式例1の2】通常逮捕状（写真引用）

2　被疑事実の要旨

(1)　被疑事実の要旨の記載

被疑事実の要旨を記載するのは，憲法33条（前記30頁）の要請するところである。

ただし，捜査の初期の段階においては，被疑事実の中に未だ不確定な要素がある場合もあり，逮捕状請求における被疑事実の要旨の記載には，起訴状の公訴事実ほどの厳格さは要求されていない。

(2)　**再被害防止への配慮**が必要とされる事案

ア　逮捕状の被疑事実

上述のとおり，被疑事実の要旨の記載については，適正手続の保障（憲法33条）の要請から，どのような被疑事実について逮捕されるかを被疑者が理解できるように事実を特定して記載することが求められている。

一方，恋愛感情等のもつれに起因する暴力的事案，性犯罪，組織犯罪その他の再被害防止への配慮が必要とされる事案においては，被疑事実の要旨に被害者の氏名等が記載されていると，被害者にとって被疑者に知られたくない情報が認識されてしまうおそれがある。

このような事案では，被疑事実を特定して他の被疑事実との識別を可能にすることを前提として，被害者の氏名等を被疑事実の要旨に記載しないなどの工夫をすることが求められていた。

この点に関しては，後述（52頁）のように，刑事訴訟法等の一部を改正する法律（令和5年法律第28号，令和5年5月17日公布）により，被疑者に対して個人特定事項の記載のない逮捕状の抄本等を呈示する制度が創設された。

この規定の施行日は，令和6年2月15日である。

イ　起訴状の公訴事実

　　　起訴状の公訴事実における被害者の氏名については，氏名を記載することによって，被害者に生命や身体への具体的な危険性が生じる場合及び名誉を著しく傷つけられる場合のみに匿名を認めるべきであるという意見が有力であった。

　　　この点に関しては，前記の刑事訴訟法等の一部を改正する法律（令和5年法律第28号）により，被告人に対して個人特定事項の記載のない起訴状抄本等を送達する制度（法271条の2，271条の3等）が創設された。

　　　この規定の施行日も，令和6年2月15日である。

3　有効期間

(1)　通常の場合

> 　令状の有効期間は，令状発付の日から7日とする。但し，裁判所又は裁判官は，相当と認めるときは，7日を超える期間を定めることができる。
>
> （規則300条）

　　　令状の有効期間は，原則として，令状発付の日から7日間である。

　　　この期間の計算には，初日は算入しない。

> 　期間の計算については，時で計算するものは，即時からこれを起算し，日，月又は年で計算するものは，初日を算入しない。但し，時効期間の初日は，時間を論じないで1日としてこれを計算する。　　　（法55条1項）

　　　裁判官が相当と認めるときは，7日を超える有効期間を定めることができる。

【判例⑭】逮捕状及び勾留状に記載されている有効期間というのは，逮捕状についてはその期間経過後はその逮捕状は失効しこれによっては逮捕することができないという意味であり，勾留状についてもその期間後はその勾留状によっては勾留の執行に着手することができないという意味なのである。その勾留状の有効期間内に勾留の執行が為された場合の勾留の期間とは全く別個のものである。（東京高判昭30・6・30高判特2巻13号679頁）

(2)　再請求の場合

　　　7日間の有効期間内に逮捕状の執行ができなかったことによる同一被疑事実についての再度の請求の場合，1回目の再請求は1か月，2回目以降の再請求は3か月の有効期間を認める場合が多い。

　　　被疑者が国外逃亡をしている場合の再請求については，例外的に，6か月の有効期間を認める場合がある。

(3)　公訴時効完成直前の場合

ア　有効期間

公訴時効の完成が迫っている場合は，逮捕状の有効期間を，公訴時効完成の前日までとしている。

イ　時効の停止

(ｱ)　共犯者の裁判中

共犯の1人に対してした公訴の提起による時効の停止は，他の共犯に対してその効力を有する。この場合において，停止した時効は，当該事件についてした裁判が確定した時からその進行を始める。　　　　　　　　　（法254条2項）

(ｲ)　犯人が国外にいる場合

犯人が国外にいる場合等には，公訴時効は，その期間中，進行を停止する。

犯人が国外にいる場合又は犯人が逃げ隠れているため有効に起訴状の謄本の送達若しくは略式命令の告知ができなかつた場合には，時効は，その国外にいる期間又は逃げ隠れている期間その進行を停止する。　　　　（法255条1項）

【判例⑮】刑訴法255条1項前段は，犯人が国外にいる場合は，そのことだけで，公訴の時効はその国外にいる期間中進行を停止することを規定したものである。（最3小判昭37・9・18刑集16巻9号1386頁，判時315号31頁）

ウ　公訴時効

公訴権は，時効により消滅する。

公訴時効は，法250条に掲げる期間を経過することによって完成する。

期間は，法定刑を基準に定める。

時効は，人を死亡させた罪であつて拘禁刑に当たるものについては，次に掲げる期間を経過することによつて完成する。

一　無期拘禁刑に当たる罪については30年

二　長期20年の拘禁刑に当たる罪については20年

三　前二号に掲げる罪以外の罪については10年　　　　　（法250条1項）

時効は，人を死亡させた罪であつて拘禁刑以上の刑に当たるもの以外の罪については，次に掲げる期間を経過することによつて完成する。

一　死刑に当たる罪については25年

二　無期拘禁刑に当たる罪については15年

> 三　長期15年以上の拘禁刑に当たる罪については10年
> 四　長期15年未満の拘禁刑に当たる罪については7年
> 五　長期10年未満の拘禁刑に当たる罪については5年
> 六　長期5年未満の拘禁刑又は罰金に当たる罪については3年
> 七　拘留又は科料に当たる罪については1年　　　　　　　（同条2項）

　　　㋐　科刑上一罪の場合
　　　　　科刑上一罪の場合は，最も重い罪の刑によって，すべての犯罪事実について時効期間を一体として決すべきである（一体説）とするのが判例である。
　　　　a　観念的競合の場合
【判例⑯】観念的競合犯の公訴時効の算定については，各別に論ずることなく，これを一体として観察し，その最も重い罪の刑につき定めた時効期間による。（最1小判昭41・4・21刑集20巻4号275頁，判時447号95頁，判タ191号148頁）
　　　　b　牽連犯の場合
【判例⑰】牽連犯において，目的行為がその手段行為についての時効期間の満了前に実行されたときは，両者の公訴時効は，不可分的に最も重い刑を標準に最終行為の時より起算すべきである。（最3小判昭47・5・30民集26巻4号826頁，判時684号54頁，判タ285号154頁）
　　　㋑　併合罪の場合
　　　　　当初の逮捕状の複数の被疑事実が併合罪の場合は，それぞれの罪ごとに時効が進行するので，その後に公訴時効が完成した罪の被疑事実は，再請求の逮捕状の被疑事実から除かれなければならない。
　4　**請求者の官公職氏名**

> 逮捕状には，請求者の官公職氏名をも記載しなければならない。
> 　　　　　　　　　　　　　　　　　　　　　　　　　　　　（規則144条）

　　　逮捕状には，法200条に定める事項のほか，請求者の官公職氏名をも記載しなければならない。通常逮捕の場合にあっては，その者が法199条2項（前記34頁）の請求権者であることを示す意味もある。
　5　**逮捕状等の返還に関する記載**

> 逮捕状又は法第218条第１項の令状には，有効期間内であつても，その必要がなくなつたときは，直ちにこれを返還しなければならない旨をも記載しなければならない。　　　　　　　　　　　　　　　　　　　（規則157条の２第１項）
>
> 逮捕状に代わるものには，逮捕状の有効期間内であつても，逮捕の必要がなくなつたときは，直ちに逮捕状に代わるものを返還しなければならない旨をも記載しなければならない。　　　　　　　　　　　　　　　　　　（同第２項）

(1)　規則157条の２の趣旨

　　本条は，令状の有効期間内であっても，令状の必要がなくなったときは直ちにこれを返還しなければならない旨をも記載しなければならないこととした。令状発付後の事情変更により権限行使の必要がなくなったときは，有効期間経過後のときと同様に，直ちに令状を返還すべきことは当然のことであるが，その実行を確保するために規定されたものである。（規則逐条66頁）

(2)　逮捕状発付後の事情変更

> 逮捕状の発付されている場合であつても，その後の事情により逮捕状による逮捕の必要がないと認められるに至つたときは，任意捜査の方法によらなければならない。この場合においては，逮捕状は，その有効期間内であつても，直ちに裁判官に返還しなければならない。　　　　　（犯罪捜査規範103条）

6　逮捕状請求書の利用

> 逮捕状は，逮捕状請求書及びその記載を利用してこれを作ることができる。
> 　　　　　　　　　　　　　　　　　　　　　　　　　　　（規則145条）

　　本条は，逮捕状の作成に当たって逮捕状請求書及びその記載を利用することができる旨を定めたものである。このように簡便な作成方法を認めたのは，逮捕状の請求はその数も多く，請求書の記載を修正すべき点がないのにかかわらず裁判官が改めてこれを令状に記載するのは非能率的であるためである。逮捕状請求書の記載事項で，罪証隠滅や証人威迫等の観点から被疑者に示すことが適当でないものがある場合，例えば被疑者が罪を犯したことを疑うに足りる相当な理由として「甲及び乙の司法警察員に対する各供述調書」等と関係者の氏名が記載されているようなときは，これを別紙に記載して請求させ，この別紙を逮捕状に添付しないようにするなどの方法を講ずることが必要であろう。（規則逐条29頁）

7　逮捕の効力の及ぶ範囲

逮捕・勾留の効力の及ぶ範囲については，次のような考え方がある。

(1)　**事件単位説**

逮捕・勾留の効力は，逮捕・勾留の基礎となっている犯罪事実についてのみ及ぶとする。

通説であり，実務もこれによっている。（基本問題上86頁）

犯罪事実を単位として逮捕・勾留の効力が決せられ，その事実に限って逮捕・勾留の効力が及ぶことを**事件単位の原則**という。

【判例⑱】甲・乙両被疑事実について勾留請求がなされ，甲事実についてのみ勾留状が発せられた場合，検察官は準抗告の申立をすることができる。（東京地決昭47・5・23刑事月報4巻5号1088頁，判タ279号302頁）

(2)　**人単位説**

逮捕・勾留の効力について，被疑者（被告人）を単位として考える。

8　**逮捕に関する裁判と準抗告**

逮捕に関する裁判については，準抗告は許されない。

【判例⑲】逮捕に関する裁判は，刑訴法429条1項各号所定の準抗告の対象となる裁判に含まれないから，準抗告は許されない。（最1小決昭57・8・27刑集36巻6号726頁，判時1051号158頁，判タ477号94頁）

逮捕段階の違法については，勾留請求の段階（第5章第2の1(1)ウ，65頁）で司法審査を受けることになる。

9　**留置場所の変更**

被疑者を逮捕引致した後，必要がある場合には，留置場所を変更することができる。

【判例⑳】被疑者を逮捕引致した後，刑訴法209条によって準用される75条の趣旨に従って，その留置場所を他の警察署の代用監獄に変更することができる。（最1小決昭39・4・9刑集18巻4号127頁，判時374号64頁，判タ163号88頁）

第5　少年の逮捕

1　**少年の逮捕**

(1)　14歳未満の少年

満14歳未満の者は，刑事未成年者である。

14歳に満たない者の行為は，罰しない。　　　　　　　　　　（刑法41条）

(2)　14歳以上18歳未満の少年

　　少年の逮捕については，少年法において，勾留に関する特則（第5章第5，76頁）は規定されているものの，逮捕に関する特則は規定されておらず，刑事訴訟法上要求される逮捕の要件の他は，法律上の制約はない。

　　しかしながら，逮捕は，少年の心情や生活等に重大な影響を与えるものであり，捜査機関としては，逮捕状を請求すべきかどうかを，事件の軽重，少年の生活状況，保護環境等を十分考慮した上で，検討する必要がある。

　　とくに，保護事件として終結することが確実な罰金以下の刑にあたる事件については，慎重な運用が要求される。

(3)　18歳歳以上の特定少年

　　後述（77頁）のとおり，少年法等の一部を改正する法律（令和3年法律第47号）により，18歳以上の特定少年については，刑事事件の特例が定められたため，特定少年の逮捕の必要性については，18歳未満の少年の場合よりも緩やかに解することになるだろう。

2　身柄拘束に関する注意

> 　少年の被疑者については，なるべく身柄の拘束を避け，やむを得ず，逮捕，連行又は護送する場合には，その時期及び方法について特に慎重な注意をしなければならない。
> 　　　　　　　　　　　　　　　　　　　　　　　　　（犯罪捜査規範208条）

第6　逮捕状等の数通発付

> 　逮捕状及び逮捕状に代わるものは，請求により，数通を発することができる。
> 　　　　　　　　　　　　　　　　　　　　　　　　　　　　　（規則146条）

　　逮捕状により被疑者を逮捕するには，逮捕状を被疑者に示さなければならない（法201条1項，後記第10，51頁）。逮捕状の執行は，原本によらなければならない。したがって，被疑者が現在する可能性のある複数の場所が遠隔に在る場合等は，逮捕状が数通必要となることも考えられる。

　　しかしながら，逮捕状で逮捕する場合には，緊急執行（法201条2項，73条3項）も許されるので，数通の逮捕状の請求はあまりないのが実状である。

　　数通発付された逮捕状のうちの一通によって逮捕がなされたときは，これによって逮捕という目的が達せられたことになるから，他の逮捕状は失効し，有効期間経過前であっても直ちに返還されなければならない（規157の2参照）。したがって，一通の逮捕状によって逮捕がなされた後に被疑者が逃走した場合には，もはや他の逮捕状によって逮捕することは許されないことにな

る。（規則逐条32頁）

第7　再逮捕

1　1罪1逮捕の原則

　　1罪1逮捕の原則（分割禁止の原則）とは，1個の被疑事実については，これに基づく逮捕の個数も1個に限られるとの原則をいう。

　　1罪1逮捕の原則にいう1罪については，実体法上の罪数を基準とすべきである（実体法上1罪説）とするのが通説である。

2　逮捕1回性の原則

　　同一被疑事実による逮捕は，特別の事情がない限り，1回しか行うことができないのが原則である。

3　再逮捕が許される場合

　　上記のとおり，同一事実についての再逮捕は原則として許されないが，法199条3項及び規則142条1項8号が同一事実について再逮捕を予定した規定になっていることから，例外的に，一定の場合には同一事実について再逮捕することが許されると解するのが通説である。

(1)　再逮捕が許される場合

　　事案の内容，先行の身柄拘束の期間，捜査経過やその後の事情変更，捜査機関の意図その他諸般の事情を考慮し，再逮捕を認める合理的理由があり，不当な**逮捕の蒸し返し**とは認められないかどうかを個々に判断することになる。

　　逮捕中に被疑者が逃亡した場合，身柄の釈放後に逃亡のおそれが生じた場合，犯罪の嫌疑が十分でないため身柄を釈放した後新たな証拠を発見し逮捕を必要とするに至った場合は，一般的には再逮捕を認める合理的理由があると判断される。

【判例㉑】同一の被疑事実による再逮捕，再勾留は，事案の軽重，先行する逮捕，勾留期間の長短，その間の捜査経過等に徴して，社会通念上捜査機関による捜査の続行がやむを得ず，身柄拘束の不当な蒸し返しとは認められない等特別の事情がある場合に限り例外的に許される。（広島高判平元・2・16高検速報平成元年209頁）

(2)　先行の逮捕手続に違法がある場合

　　先行の逮捕手続に違法がある場合，瑕疵の程度によって，再逮捕が認められるかどうかが判断される。

　　例えば，犯罪の嫌疑がきわめて薄いのに逮捕したとか，やむを得ない事由

がないのに逮捕から勾留までの時間制限を遵守しなかったというように，瑕疵の程度が著しい場合には再逮捕は認められないが，逮捕の実体的要件はあるが緊急逮捕すべき場合に現行犯逮捕したというように，単に逮捕手続の種類の選択を誤ったに過ぎない場合には再逮捕は認められる。

(3) 勾留後の再逮捕

勾留後，身柄拘束の理由又は必要が消滅したとし，あるいは不起訴処分により被疑者を釈放した場合も，身柄釈放後に新証拠を発見し，これが拘束中に発見できなかったことが必ずしも捜査官の怠慢を意味しない場合，あるいは新たに逃亡・罪証隠滅のおそれが生じた場合は再逮捕できると解するのが通説である。ただし，前逮捕で勾留した場合は，逮捕のみの場合よりも，その合理性は厳格に検討されるし，特に，勾留期間満了による釈放の場合は，身柄に関して法が原則的に許容する限度いっぱいに強制捜査のチャンスを費い果たしているので，多少の事情変更が生じても，再逮捕の不利益を強制するだけの実質的正当性は認めにくい，ということになる。（大コン刑訴第4巻216頁）

4　逮捕状の執行が許されない場合

逮捕状に基づき実質的に逮捕がされて釈放された後に、同一の逮捕状を執行することは，逮捕の蒸し返しであり違法である。

【判例㉒】自宅で逮捕状を呈示され，被疑事実も読み聞かされ，捜索・差押えに立ち会わせられていた被疑者が，その後胸の痛みのため病院に連れて行かれてから自宅に帰されたままであった場合，逮捕状による逮捕の後に釈放されたものであって，その後同一の逮捕状を執行するのは逮捕の蒸し返しであり，その後の身体拘束中に得られた尿の鑑定書は証拠能力を欠く。（東京高判平26・10・3高検速報集平成26年102頁）

第8　別件逮捕

1　別件逮捕の意義

別件逮捕とは，いまだ本件についての嫌疑が逮捕するだけの理由と必要が十分でないため，もっぱら本件の捜査の目的で，一応証拠の固まった別件で逮捕することをいう。

2　別件逮捕の違法判断の基準

別件逮捕が違法になるかどうかの判断の基準として，本件基準説と別件基準説がある。

(1) **本件基準説**

別件について逮捕の要件が備わっていても，捜査官においてこれを本件の捜査のために利用する意図があることを重視し，本件について嫌疑の程度，捜査機関における令状主義潜脱の意図等を考慮して，別件逮捕の違法性を判断しようとする。

(2)　**別件基準説**

別件について逮捕の要件が備わっている限り，捜査官においてこれを本件の捜査のために利用する意図があっても，逮捕の適法性に影響を及ぼさないとする。

(3)　判断の対象

別件について逮捕・勾留の理由ないし必要性を全く欠く場合に，別件で逮捕・勾留するのは，重大な本件の取調に利用する目的の有無を問うまでもなく違法，不当な身柄拘束であることは間違いない。しかし，別件について逮捕・勾留の実質的な理由および必要性のある場合には，実務上も逮捕状・勾留状が発せられている。この点につき，本件基準説・別件基準説の対立があるが，当該逮捕・勾留が他の事件（本件）に利用するためのみのものであって，請求のあった当該事件（別件）のためのものではないなどと判断することは困難であるから，裁判官は別件そのものについて逮捕・勾留の理由や必要性の判断をすることになる。（条解刑訴421頁）

3　余罪の取調べの可否

別件で逮捕がなされた場合，余罪である本件の取調べが可能であるかが問題となる。

1罪ごとに逮捕勾留を繰り返すよりも，1通の令状によって数罪について捜査を行う方が被疑者にとって有利な場合もある。

【判例㉓】甲事実について逮捕・勾留の理由と必要があり，甲事実と乙事実とが社会的事実として一連の密接な関係がある場合，甲事実について逮捕・勾留中の被疑者を，同事実について取り調べるとともに，これに付随して乙事実について取り調べても，違法ではない。（最2小決昭52・8・9刑集31巻5号821頁，判時864号22頁，判タ352号138頁）

第9　逮捕状請求の却下

1　令状請求の却下の方式

> 裁判官が令状の請求を却下するには，請求書にその旨を記載し，記名押印してこれを請求者に交付すれば足りる。　　　　　　　　　（規則140条）

却下は強制処分を命じないという言わば現状不変更を意味するもので，簡易な方式になじむことを考慮して本条の規定が設けられた。（規則逐条2頁）

2　令状請求の撤回

請求の撤回を認めることの可否については，積極，消極の両説がある。

仮に請求の撤回があった場合でも，裁判所の受付の帳簿の記載自体を抹消することが許されないのは当然であり，再度の請求に当たって，かつ請求の撤回があった事実が記載されていれば，裁判官の注意が喚起され判断は慎重になされることになる。実務では積極説に立った運用もかなりみられる。（規則逐条3頁）

3　令状請求書の返還

> 裁判官は，令状を発し，又は令状の請求を却下したときは，前条の場合を除いて，速やかに令状の請求書を請求者に返還しなければならない。
>
> （規則141条）

本条によれば，請求書の謄本の添付が義務づけられている逮捕状以外の令状請求については，後日において，いついかなる請求がありこれに対していかなる裁判をしたかが明白でない事態が生じ得る。実務では，差し支えない限り請求者から写しを提出してもらい，これを裁判所に保管しておく取扱いも行われている。（規則逐条4頁）

第10　逮捕状の執行

> 逮捕状により被疑者を逮捕するには，逮捕状を被疑者に示さなければならない。
>
> （法201条1項）

1　逮捕状の呈示

(1)　逮捕状の呈示

呈示の程度は，被疑事実の概要を知らしめる程度であることを要し，かつ，それをもって足りる。被疑者に閲読させなくてもよい。

次の判例は，逮捕状の呈示も緊急執行の告知もなかったとされた事例である。

【判例㉔】被疑者の逮捕手続には，逮捕状の呈示がなく，逮捕状の緊急執行もされていない違法があり，これを糊塗するため，警察官が逮捕状に虚偽事項を記入し，公判廷において事実と反する証言をするなどの経緯全体に表れた警察官の態度を総合的に考慮すれば，本件逮捕手続の違法の程度は，令状

主義の精神を没却するような重大なものであり，本件逮捕の当日に採取された被疑者の尿に関する鑑定書の証拠能力は否定される。（最2小判平15・2・14刑集57巻2号121頁，判時1819号19頁，判タ1118号94頁）

(2)　個人特定事項の記載のない逮捕状

刑事訴訟法等の一部を改正する法律（令和5年法律第28号）により，被疑者に対して個人特定事項の記載のない逮捕状の抄本等を呈示する制度が創設された。この規定の施行日は，令和6年2月15日である。（前記32頁）

ア　個人特定事項の記載のない逮捕状の抄本等の請求

検察官又は司法警察員は，次に掲げる者の個人特定事項（氏名及び住所その他の個人を特定させることとなる事項をいう。以下同じ。）について，必要と認めるときは，第199条第2項本文の請求と同時に，裁判官に対し，被疑者に示すものとして，当該個人特定事項の記載がない逮捕状の抄本その他の逮捕状に代わるものの交付を請求することができる。

一　次に掲げる事件の被害者

イ　刑法第176条，第177条，第179条，第181条若しくは第182条の罪，同法第225条若しくは第226条の2第3項の罪（わいせつ又は結婚の目的に係る部分に限る。以下このイにおいて同じ。），同法第227条第1項（同法第225条又は第226条の2第3項の罪を犯した者を幇助する目的に係る部分に限る。）若しくは第3項（わいせつの目的に係る部分に限る。）の罪若しくは同法第241条第1項若しくは第3項の罪又はこれらの罪の未遂罪に係る事件

ロ　児童福祉法第60条第1項の罪若しくは同法第34条第1項第九号に係る同法第60条第2項の罪，児童買春，児童ポルノに係る行為等の規制及び処罰並びに児童の保護等に関する法律第4条から第8条までの罪又は性的な姿態を撮影する行為等の処罰及び押収物に記録された性的な姿態の影像に係る電磁的記録の消去等に関する法律第2条から第6条までの罪に係る事件

ハ　イ及びロに掲げる事件のほか，犯行の態様，被害の状況その他の事情により，被害者の個人特定事項が被疑者に知られることにより次に掲げるおそれがあると認められる事件

(1)　被害者等（被害者又は被害者が死亡した場合若しくはその心身に重大な故障がある場合におけるその配偶者，直系の親族若しくは兄弟姉妹をいう。以下同じ。）の名誉又は社会生活の平穏が著しく害されるおそれ

(2)　(1)に掲げるもののほか，被害者若しくはその親族の身体若しくは財産に害を加え又はこれらの者を畏怖させ若しくは困惑させる行為がなされ

るおそれ

二　前号に掲げる者のほか，個人特定事項が被疑者に知られることにより次に
　掲げるおそれがあると認められる者

　　イ　その者の名誉又は社会生活の平穏が著しく害されるおそれ

　　ロ　イに掲げるもののほか，その者若しくはその親族の身体若しくは財産に
　　　害を加え又はこれらの者を畏怖させ若しくは困惑させる行為がなされるお
　　　それ　　　　　　　　　　　　　　　　　　　　　　　（法201条の2第1項）

　　　　刑法176条（不同意わいせつ），177条（不同意性交等），181条（不同意
　　　わいせつ等致死傷），性的姿態等撮影の罪に係る事件等について，個人特
　　　定事項の記載のない逮捕状の抄本等の請求がなされる。

　　イ　逮捕状の抄本等の交付

　裁判官は，前項の規定による請求を受けた場合において，第199条第2項の
規定により逮捕状を発するときは，これと同時に，被疑者に示すものとして，
当該請求に係る個人特定事項を明らかにしない方法により被疑事実の要旨を記
載した逮捕状の抄本その他の逮捕状に代わるものを交付するものとする。ただ
し，当該請求に係る者が前項第1号又は第2号に掲げる者に該当しないことが
明らかなときは，この限りでない。　　　　　　　　　　　　　　（同第2項）

　　ウ　逮捕状に代わるものの記載要件

　逮捕状に代わるものには，次に掲げる事項を記載し，裁判官が，これに記名
押印しなければならない。

一　被疑者の氏名及び住居

二　罪名

三　法第201条の2第1項の規定による請求に係る個人特定事項を明らかにし
　ない方法により記載した被疑事実の要旨

四　当該書面が法第201条の2第2項の規定によるものである旨

五　引致すべき官公署その他の場所

六　請求者の官公職氏名

七　逮捕状の有効期間及びその期間経過後は逮捕をすることができず逮捕状に
　代わるものはこれを返還しなければならない旨

八　逮捕状発付の年月日

九　逮捕状を発付した裁判官の氏名　　　　　　　　（規則144条の2第1項）

第70条の２第２項及び第３項の規定は，逮捕状に代わるものについてこれを準用する。　　　　　　　　　　　　　　　　　　　　　　　　（同第２項）

　　エ　逮捕状に代わるものの作成

逮捕状に代わるものは，第142条の２第１項の書面及びその記載を利用してこれを作ることができる。　　　　　　　　　　　　　　　（規則145条の２）

【書式例１の３】逮捕状に代わるもの
　　オ　被疑者に対する呈示

前項の規定による逮捕状に代わるものの交付があつたときは，前条第１項の規定にかかわらず，逮捕状により被疑者を逮捕するに当たり，当該逮捕状に代わるものを被疑者に示すことができる。　　　　　　　（法第201条の２第３項）

　　カ　緊急執行

第２項の規定による逮捕状に代わるものの交付があつた場合において，当該逮捕状に代わるものを所持しないためこれを示すことができない場合であつて，急速を要するときは，前条第１項の規定及び同条第２項において準用する第73条第３項の規定にかかわらず，被疑者に対し，逮捕状に記載された個人特定事項のうち当該逮捕状に代わるものに記載がないものを明らかにしない方法により被疑事実の要旨を告げるとともに，逮捕状が発せられている旨を告げて，逮捕状により被疑者を逮捕することができる。ただし，当該逮捕状に代わるものは，できる限り速やかに示さなければならない。　　　　　　　　　　（同第４項）

２　逮捕状の緊急執行

第73条第３項〔勾引状・勾留状を所持しないで執行できるとき〕の規定は，逮捕状により被疑者を逮捕する場合にこれを準用する。　　　　（法201条２項）

　　法201条２項による逮捕は，**逮捕状の緊急執行**と呼ばれている。
　　逮捕状の緊急執行の要件としての「急速を要するとき」とは，逮捕状所持者から逮捕状を入手し，あるいはその到着を待ってから逮捕に着手したのでは逮捕が困難となる差し迫った状況があれば足り，逮捕状の入手が不可能な場合に限定されない。
【判例㉕】会社の労働争議に関し発生した建造物損壊被疑事件の被疑者に対し逮捕
　　　　状が発せられたので，警部補他司法巡査５名が右会社工場内外付近各所に

おいて右被疑者が工場を出てくるのを待って右逮捕状を執行すべく待機
中，自転車で工場から出てきた被疑者を発見した巡査2名が，逮捕状の所
持者と連絡してこれを同人に示す時間的余裕がなかったので，逮捕状が発
せられている旨を告げて逮捕しようとした当時の情況は，「急速を要する
とき」に当たる。（最2小決昭31・3・9刑集10巻3号303頁）

【判例㉖】捜査機関が被告人の逮捕に向けた行動をとっていることが被告人に察知
されない限り，被告人が直ちに被告人方から行方をくらますことなど考え
難い上，被告人の所在を確認した後，被告人の逮捕に向けた行動をとるま
でに逮捕状を取り寄せる時間的余裕も十分存在し，それを困難にする事情
は全く認められないのに，逮捕状を取り寄せる努力を怠り，ただちに，緊
急執行の手続で被告人を逮捕した手続は，「急速を要するとき」の要件を
満たしておらず，違法とみる余地がある。（東京地判平15・4・16判時
1842号159頁，判タ1145号306頁）

3　被疑事実の要旨の告知

被疑事実の要旨の告知は，罪名だけの告知では不十分であり，被疑者にいか
なる嫌疑を受けているか理解させる程度のものであることが必要であるが，逮
捕状に記載されている被疑事実の要旨一切をそのまま告知する必要はない。

【判例㉗】逮捕状の被疑事実の要旨の告知に当たっては，被疑者に理由なく逮捕す
るものではないこと，いかなる犯罪事実による逮捕であるかを一応理解さ
れる程度に告げれば足りるのであって，被疑事実の要旨をすべて漏れなく
告げる必要はない。（東京高判平8・12・12東高刑時報47巻1〜12号145頁）

第3章　緊急逮捕状

第1　緊急逮捕の意義

1　緊急逮捕の意義

緊急逮捕とは，一定の重大な犯罪について，犯罪の嫌疑が十分であり，かつ急速を要し逮捕状を求めることができないときに，その理由を告げて被疑者を逮捕し，逮捕後直ちに逮捕状を求める方法をいう。

> 検察官，検察事務官又は司法警察職員は，死刑又は無期若しくは長期3年以上の懲役若しくは禁錮にあたる罪を犯したことを疑うに足りる充分な理由がある場合で，急速を要し，裁判官の逮捕状を求めることができないときは，その理由を告げて被疑者を逮捕することができる。この場合には，直ちに裁判官の逮捕状を求める手続をしなければならない。逮捕状が発せられないときは，直ちに被疑者を釈放しなければならない。　　　　　　　　　　　　　　（法210条1項）

> 検察官，検察事務官又は司法警察職員は，死刑又は無期若しくは長期3年以上の拘禁刑に当たる罪を犯したことを疑うに足りる十分な理由がある場合で，急速を要し，裁判官の逮捕状を求めることができないときは，その理由を告げて被疑者を逮捕することができる。この場合には，直ちに裁判官の逮捕状を求める手続をしなければならない。逮捕状が発せられないときは，直ちに被疑者を釈放しなければならない。
>
> 　　　　　　　（令和4年法律第67号による改正後の法210条1項）

緊急逮捕は，憲法33条に違反しないとするのが判例・通説である。

【判例㉘】厳格な制約の下に，罪状の重い一定の犯罪のみについて，緊急やむを得ない場合に限り，逮捕後直ちに裁判官の審査を受けて逮捕状の発行を求めることを条件とし，被疑者の逮捕を認めることは，憲法33条の趣旨に反するものではない。(最大判昭30・12・14刑集9巻13号2760頁，判時67号7頁，判タ56号62頁)

2　緊急逮捕状の性質

緊急逮捕状の性質は，緊急逮捕行為の追認である。

第2　緊急逮捕の要件

緊急逮捕の要件は，次のとおりである。

1　被疑事件の重罪性

(1)　罪種の限定

犯罪が死刑，無期，長期 3 年以上の拘禁刑に当たる罪であること

(2)　緊急逮捕の要件を欠く罪が含まれている場合

ア　科刑上一罪の一部に要件を欠く罪がある場合

科刑上一罪の関係にあるＡＢ両罪について緊急逮捕状の請求がなされ，Ａ罪については緊急逮捕の要件が認められるが，Ｂ罪については要件が認められない場合，緊急逮捕状にＢ罪の事実を除外する旨の記載をした上でＡ罪についてのみ緊急逮捕状を発付すべきであると考えられる。

イ　併合罪関係にある罪の一部に要件を欠く罪がある場合

併合罪関係にあるＡＢ両罪について緊急逮捕状の請求がなされ，Ａ罪については緊急逮捕の要件が認められるが，Ｂ罪については要件が認められない場合，Ａ罪についてのみ緊急逮捕状を発付し，Ｂ罪については請求を却下すべきである考えられる。

請求書には「本件請求中Ｂの事実については請求を却下する。」旨を記載する。

2　十分な理由

罪を犯したことを疑うに足りる十分な理由があること

「十分な理由」は，通常逮捕状の場合の「相当な理由」（法199条 2 項）よりもさらに嫌疑の程度が高いことを意味する。（34頁）

3　緊急性

急速を要し裁判官の逮捕状を求めることができないこと

4　逮捕の必要性

(1)　逮捕の必要性

通常逮捕の場合（法199条 2 項）のように逮捕の必要性に関する規定はないが，「急速を要し，裁判官の逮捕状を求めることができない」とする法210条 1 項の趣旨は，逮捕時に通常逮捕の要件が備わっていることを当然の前提としており，緊急逮捕においても逮捕の必要性を要するとするのが通説である。

(2)　緊急逮捕後に逮捕の必要性がなくなった場合

緊急逮捕後に逮捕の必要性がなくなって被疑者を釈放した場合でも，逮捕状の請求手続は必要である。（後記59頁）

この場合は，逮捕状請求書に逮捕の必要性が消滅したことを記載して，請求を却下する。

「本件請求を却下する。本件逮捕の適法性は認められるが，逮捕後に必要性
が消滅している。」

5　緊急逮捕後に事実関係が変動した場合

(1)　事実関係が変動した場合

　　緊急逮捕後に事実関係が変動した場合でも，前記（56頁）のとおり，緊急
逮捕状の性質は緊急逮捕行為の追認であるから，緊急逮捕時の罪名及び被疑
事実を記載する。

　　例えば，傷害罪により緊急逮捕した後に被害者が死亡したとしても，罪名
や被疑事実を傷害から傷害致死に変更すべきではない。

(2)　事実の評価が異なる場合

　　一方，事実関係の変動はないが，裁判官による事実の法的評価が異なる場
合には，裁判官が評価した罪名と構成要件に基づく緊急逮捕状を発付する。

　　例えば，現住建造物等放火罪により緊急逮捕したが住居性がないと評価し
た場合には，建造物等以外放火罪で緊急逮捕状を発付する。

第3　緊急逮捕の手続

　　緊急逮捕においては，理由を告知して逮捕すること及び直ちに裁判官の逮捕
状を求める手続をすることが必要である。

1　理由の告知

　　被疑事実の要旨及び急速を要する事情にあることを告げる必要がある。

【判例㉙】警察官が被疑者を緊急逮捕するに際して，被疑事実等の理由の告知も逮
　　　　捕する旨の告知もしたとは認められず，緊急逮捕行為が違法であるとし
　　　　て，これに対する公務執行妨害罪の成立が否定された事例。（大阪地判平
　　　　3・3・7判タ771号278頁）

2　緊急逮捕状の請求

(1)　緊急逮捕状の請求権者

　　緊急逮捕状の請求権者は，検察官，検察事務官又は司法警察職員である。
司法警察職員については，通常逮捕状における199条2項（34頁）のよう
な制限はない。

(2)　緊急逮捕状の請求先

　　緊急逮捕状の請求先は，通常逮捕状の場合と同様である。

(3)　緊急逮捕状請求の方法

ア　請求までの時間

　　　令状請求の遅延をどの程度まで認めるかは，具体的事情による。

逮捕状請求の疎明資料を捜査官側において，主として書面で整えて提出することが求められ，これらに必要な時間の遅延は当然に許されることとなる。これを超えて，被疑者の取調べを行ったり，実況見分に立ち会わせるなどを先行させることは許されない。（大コン刑訴第 4 巻469頁）

【判例㉚】集団暴行犯人が逮捕に備えて防御を整えている情況の下で，緊急逮捕の決定までに 2 時間余を要しても，逮捕状を求める余裕があったとはいえない。（最 3 小判昭32・5・28刑集11巻 5 号1548頁）

【判例㉛】正午頃か遅くとも午後 1 時30分頃に逮捕したのに，午後10時頃に逮捕状の請求がなされた場合，当日が休日で最寄りの簡易裁判所まで片道 2 時間を要する事情を考慮しても，右逮捕は違法である。（最 1 小決昭50・6・12裁判集刑196号569頁，判時779号124頁，判タ325号282頁 - 請求まで 8 時間半で違法）

【判例㉜】午後 1 時20分頃非現住建造物放火の疑いで緊急逮捕し，適法に弁解録取の手続をしたが，その後火災現場の実況見分，被疑者の取調べを行った上，午後 8 時に逮捕状の請求がなされた場合，逮捕は違法である。（大阪高判昭50・11・19判時813号102頁，判タ335号353頁 - 請求まで 6 時間40分で違法）

【判例㉝】緊急逮捕時から約 6 時間半経過してなされた逮捕状の請求が，必要な資料を整えるための時間の範囲内であるとして，適法とされた事例。（京都地決昭52・5・24判時868号112頁，判タ364号309頁 - 請求まで 6 時間半で適法）

【判例㉞】内ゲバ事件で傷害による緊急逮捕後，被疑者はもとより被害者も捜査に協力しないため裁判所に提出する疎明資料の収集整理に時間を要した結果，6 時間後に逮捕状の請求をした手続は適法である。（広島高判昭58・2・1 高検速報昭和58年309頁，判時1093号151頁，判タ496号166頁 - 請求まで 6 時間で適法）

イ　緊急逮捕後に釈放した場合

緊急逮捕後，逮捕状を求める手続前に留置の必要なし，又は人違いなどで釈放した場合も逮捕状請求の手続をとらなければならないとするのが通説である。（大コン刑訴第 4 巻473頁）

> 被疑者を緊急逮捕した場合は，逮捕の理由となつた犯罪事実がないこともしくはその事実が罪とならないことが明らかになり，または身柄を留置して取り調べる必要がないと認め，被疑者を釈放したときにおいても，緊急逮捕状の請求をしなければならない。　　　　　　　　　　　　　　（犯罪捜査規範120条3項）

請求の却下については前記第2の4⑵（57頁）のとおり

第4　緊急逮捕状の発付

1　発付の要件

緊急逮捕状を発するには，逮捕時における緊急逮捕の要件（前記第2，56頁）及び逮捕状発付時における通常逮捕の要件を満たしていることが必要である。

2　緊急逮捕状の方式

> 第200条〔逮捕状の方式〕の規定は，前項の逮捕状についてこれを準用する。
> 　　　　　　　　　　　　　　　　　　　　　　　　　　（法210条2項）

3　緊急逮捕状の主文

緊急逮捕状は，裁判官が被疑者の逮捕を追認するとともに逮捕を継続することを許可する裁判の裁判書である。通常逮捕状の主文が「被疑者を逮捕することを許可する。」であるのに対し，緊急逮捕状の主文は「被疑者の逮捕を認める。」となっている。

【書式例2】緊急逮捕状

第5　緊急逮捕後の手続

被疑者が緊急逮捕された後の手続は，通常逮捕状による逮捕の場合と同様である。

> 前条の規定により被疑者が逮捕された場合には，第199条〔逮捕状による逮捕〕の規定により被疑者が逮捕された場合に関する規定を準用する。
> 　　　　　　　　　　　　　　　　　　　　　　　　　　　（法211条）

第4章　勾引状

第1　勾引の意義

　　勾引とは，特定の者（被告人，被疑者，証人等）を裁判所その他一定の場所に引致する強制処分（裁判及び執行）をいう。

第2　勾引の要件

> 　裁判所は，次の場合には，被告人を勾引することができる。
> 一　被告人が定まつた住居を有しないとき。
> 二　被告人が，正当な理由がなく，召喚に応じないとき，又は応じないおそれがあるとき。　　　　　　　　　　　　　　　　　　　　　（法58条）

1　勾引の要件

　　法58条各号の事由があるときは，被告人を勾引することができる。犯罪の嫌疑があることは要件ではなく，犯罪の軽重も要件ではない。

2　正当な理由

　　正当な理由には，出頭義務がない場合のような法律上の理由と，病気のような事実上の理由がある。

　　正当な理由の有無は，勾引状を発付する際に裁判所に判明していた事情のみによって判断して差し支えないとするのが通説である。（大コン刑訴第2巻16頁）

　　被告人が召喚を受けながら無届で出頭しなかった場合には，正当な理由なく召喚に応じないときにあたる。

3　法人の代表者等

　　被告人が法人である場合及び被告人が訴訟能力を有しない場合，法人の代表者又は無能力者の法定代理人は，被告人本人ではないから勾引することができないとするのが通説である。

第3　勾引状の発付

　　【書式例3】勾引状

第4　勾引の効力

> 勾引した被告人は，裁判所に引致した時から24時間以内にこれを釈放しなければならない。但し，その時間内に勾留状が発せられたときは，この限りでない。
>
> （法59条）

　　勾引には，24時間に限り，留置の効力が認められる。
　　24時間以内に勾留状が発付されたときは，引き続き被告人の身柄を留置することができる。

第5　勾引状の執行
1　勾引状の通常執行

> 勾引状を執行するには，これを被告人に示した上，できる限り速やかに且つ直接，指定された裁判所その他の場所に引致しなければならない。第66条第4項〔嘱託を受けた裁判官の勾引状発付〕の勾引状については，これを発した裁判官に引致しなければならない。
>
> （法73条1項）

2　勾引状の緊急執行

> 勾引状又は勾留状を所持しないためこれを示すことができない場合において，急速を要するときは，前2項の規定にかかわらず，被告人に対し公訴事実の要旨及び令状が発せられている旨を告げて，その執行をすることができる。但し，令状は，できる限り速やかにこれを示さなければならない。
>
> （同条3項）

　　急速を要するときとは，至急に令状を入手することができず，入手するまで放置しておけば，被告人が所在不明となって令状の執行が著しく困難になるおそれがある場合をいう。

3　護送中の仮留置

> 勾引状又は勾留状の執行を受けた被告人を護送する場合において必要があるときは，仮に最寄りの刑事施設にこれを留置することができる。　（法74条）

4　勾引状執行後の処置

> 勾引状又は勾留状を執行したときは，これに執行の場所及び年月日時を記載し，これを執行することができなかつたときは，その事由を記載して記名押印しなければならない。
>
> （規則75条1項）

第 6　勾引された被告人に対する弁護人選任に関する告知と教示

　　被告人を勾引したときは，直ちに被告人に対し，公訴事実の要旨及び弁護人
を選任することができる旨並びに貧困その他の事由により自ら弁護人を選任す
ることができないときは弁護人の選任を請求することができる旨を告げなけれ
ばならない。ただし，被告人に弁護人があるときは，公訴事実の要旨を告げれ
ば足りる。　　　　　　　　　　　　　　　　　　　　　　　　　（法76条 1 項）

第5章　勾留状

第1　勾留の意義
1　勾留の意義
　　勾留とは，被疑者又は被告人を拘禁する裁判及びその執行である。**拘禁**とは，刑事施設に拘束することである。
2　被告人勾留と被疑者勾留
　　被告人の勾留は，法廷への出頭確保や裁判の執行のため（100頁）の身柄拘束であるが，被疑者の勾留は，当面は捜査を前提としての身柄拘束である。

第2　勾留の要件
　　法60条で被告人の勾留の要件が規定され，被疑者の勾留の場合に準用される（法207条1項，71頁）ので，被告人と被疑者の勾留の要件は同一である。

　　裁判所は，被告人が罪を犯したことを疑うに足りる相当な理由がある場合で，左の各号の一にあたるときは，これを勾留することができる。
一　被告人が定まつた住居を有しないとき。
二　被告人が罪証を隠滅すると疑うに足りる相当な理由があるとき。
三　被告人が逃亡し又は逃亡すると疑うに足りる相当な理由があるとき。

（法60条1項）

　　30万円（刑法，暴力行為等処罰に関する法律（大正15年法律第60号）及び経済関係罰則の整備に関する法律（昭和19年法律第4号）の罪以外の罪については，当分の間，2万円）以下の罰金，拘留又は科料に当たる事件については，被告人が定まつた住居を有しない場合に限り，第1項の規定を適用する。

（同条3項）

1　逮捕前置主義
(1)　逮捕前置主義
ア　逮捕前置主義の意義
　　逮捕前置主義とは，被疑者を勾留するには必ず同一事実について逮捕手続を先行させなければならないとするものである。
イ　逮捕前置主義がとられる理由
　　逮捕前置主義がとられる理由は，証拠収集の容易な事件については逮捕の比較的短い時間内に捜査が完了することを期待するとともに，証拠収集

の容易でない事件についても逮捕と勾留のそれぞれの段階において司法的抑制を加えるためである。

　　ウ　逮捕の適法性

　　　上記の趣旨から，勾留請求に対する審査は，勾留の要件・必要性のほか，その前提となる逮捕の適法性（前記34頁）に及ぶことになる。

【判例㉟】任意同行した殺人事件の被疑者の承諾を得て逮捕前 2 夜にわたり捜査官 6 名とともにビジネスホテルに同宿させたこと等が，被疑者を実質的に逮捕と同視すべき状況に置いたものとして，勾留請求が違法とされた事例。
　　（東京地決昭55・ 8 ・13判時972号136頁）

　(2)　逮捕手続が先行しない事実による勾留

　　ア　A 事実で逮捕し B 事実を付加（A＋B）して勾留できるか。

　　　A 事実で逮捕した被疑者を B 事実を付加して A B 両事実で勾留することについては，認めることで実務は固まっている。（基本問題上262頁）

　　　被疑者にとって，B 事実についてあらためて逮捕から繰り返されるよりも，拘束時間が短くなって利益となるからである。

　　イ　A 事実で逮捕し B 事実のみ（A→B）で勾留できるか。

　　　A 事実で逮捕した被疑者を B 事実のみで勾留することについては，認めないのが一般的な実務である。（基本問題上262頁，解釈運用〔逮〕156頁）

　　　B 事実については逮捕手続がなされておらず，逮捕前置主義に反するからである。

　2　1 罪 1 勾留の原則

　(1)　1 罪 1 勾留の原則

　　　1 罪 1 勾留の原則とは，1 個の被疑事実については，1 回の勾留しかできないことをいう。

　　　1 罪 1 逮捕の原則（前記48頁）とあわせて，1 罪 1 逮捕 1 勾留の原則ということもある。

【判例㊱】被疑者がすでに20日間勾留を受けている場合であっても，諸般の事情を考慮し，社会通念上捜査機関に強制捜査を断念させることが首肯し難く，また身柄拘束の不当なむしかえしでないと認められるときは，例外的に同一事実につき再勾留をすることが許されると解すべきである。（東京地決昭47・ 4 ・ 4 刑事月報 4 巻 4 号891頁，判時665号103頁，判タ276号286頁）

　(2)　1 罪 1 勾留の原則と常習犯

【判例㊲】常習 1 罪の一部（甲）につき保釈中の者が更に常習 1 罪の一部（乙）を犯した場合，右乙の罪につき勾留しても，1 罪 1 勾留の原則に反しない。

（福岡高決昭42・3・24高刑集20巻2号114頁，判時483号79頁，判タ208
号158頁）

3　勾留の理由

(1)　勾留の理由

勾留の理由とは，法60条1項に定める理由，即ち被疑者が罪を犯したこと
を疑うに足りる相当な理由（嫌疑）があること，及び同項各号に掲げる，①
被疑者が住居不定のとき，②被疑者に罪証隠滅のおそれがあるとき，③被疑
者に逃亡のおそれがあるときのいずれかの理由をいう。

罪を犯したことを疑うに足りる「相当な理由」とは，緊急逮捕における罪
を犯したことを疑うに足りる「十分な理由」（法210条1項）よりその程度は
低くてよいが，通常逮捕における「相当な理由」（法199条2項）よりは高く，
犯罪の嫌疑が一応肯認できる程度の理由であることを要する。

　　　　通常逮捕　　　　　勾　留　　　　　緊急逮捕
　　「相当な理由」＜「相当な理由」＜「十分な理由」
　　（法199条2項）　（法60条1項）　（法210条1項）

【判例㊳】通常逮捕の理由は，有罪判決の事実認定に要求される合理的疑いを超え
る程度の高度の証明や，公訴を提起するに足りる程度の嫌疑も要求されて
いない。勾留理由として要求されている相当の嫌疑よりも低い嫌疑で足り
る。（大阪高判昭50・12・2判タ335号232頁）

犯罪の嫌疑がない場合は勾留は許されないし，住居不定，罪証隠滅のおそ
れ，逃亡のおそれのいずれもない場合も，勾留請求は却下されることになる。

(2)　法60条1項各号の事由

ア　住居不定

定まった住居を有しないとは，住所や居所を有しないという意味であ
る。住居不定が勾留の理由とされるのは，召喚状の送達も不能となるおそ
れが強いからである。

【判例㊴】被疑者が氏名，住居を黙秘するため，裁判所においてその住居を認知し
得ない場合には，たとえ客観的には被疑者に定まった住居があるとして
も，刑事訴訟法60条1項1号にいう「被疑者が定まつた住居を有しないと
き」に該るものと解するのが相当である。（東京地決昭43・5・24下刑集
10巻5号581頁，判タ222号242頁）

イ　罪証隠滅のおそれ

(ア)　罪証隠滅の対象

罪証隠滅の対象となる事実は，原則として被疑事実（公訴事実）であ

り，構成要件に該当する事実，違法性を基礎づける（又は阻却する）事実，責任能力の存否に関する事実が含まれる。

情状に関する事実のうち，起訴・不起訴の判断や量刑上重要な意味をもつ事実については，罪証隠滅の対象に含まれる。

【判例⑩】被疑事実について罪証隠滅のおそれのない場合，犯罪の成否と直接関係のない情状に関する事実については，事件の全貌が現れるかどうかによって，被疑者の犯罪に対する社会的評価に重大な相違をもたらし，量刑に大きな差異を生ずる場合または被疑者が証拠を隠滅することが明らかな場合にのみ，罪証隠滅のおそれがあると解する。（札幌地室蘭支決昭40・12・4下刑集7巻12号2294頁）

　　　(イ)　罪証隠滅の態様

罪証隠滅の態様としては，共犯者との通謀，証人との通謀，証人への圧迫，物証の毀棄・隠匿などがある。

　　　(ウ)　罪証隠滅の可能性

罪証隠滅が客観的に実行可能でなければならない。

【判例㊶】刑訴法60条1項2号に勾留の要件として，「罪証を隠滅すると疑うに足りる相当な理由があるとき」とは，罪証隠滅の単なる抽象的な可能性では足りず，罪証を隠滅することが，何らかの具体的な事実によって蓋然的に推測されうる場合でなければならない。（大阪地決昭38・4・27下刑集5巻3〜4号444頁，判時335号50頁）

　　ウ　逃亡のおそれ

逃亡とは，被疑者（被告人）が刑事訴追や刑の執行を免れる目的で裁判所にとって所在不明になることをいう。

【判例㊷】刑訴法60条1項3号にいう「逃亡し又は逃亡すると疑うに足りる相当な理由があるとき」とは，勾留が公判期日への被告人の出頭を確保するための制度であることに鑑みると，被告人が刑事訴追を免れる意思で裁判所にとって所在不明となるおそれがある場合をいう。（広島高岡山支決昭48・4・9刑事月報5巻4号496頁，判時702号116頁）

逃亡のおそれを窺わせる事情としては，被疑者の生活状態が不安定であることや，処罰を免れる目的で身を隠そうとすることを強く窺わせることなどがある。

4　勾留の必要性

　(1)　勾留の必要性

勾留の必要性とは，起訴の可能性，捜査の進展の程度，被疑者の個人的事

情などから判断した勾留の相当性である。

(2)　勾留の必要性の判断

　　ア　被疑者の勾留

　　　　被疑者段階における勾留の必要性の判断は，起訴の可能性（事案の軽
　　　重，特に事案軽微な場合や実刑が見込まれる場合），捜査の進展の程度（逮
　　　捕中に略式起訴等が可能かどうか）被疑者の個人的事情（年齢，健康，職
　　　業上又は生活上の緊急事態の発生等）などの事情を総合して行うことにな
　　　る。

　　　　法60条3項において，軽微な事件の場合には住居不定であることが要件
　　　とされているが，これは，軽微な事件の場合には類型的に勾留の必要性が
　　　低いことが前提となっている。

【判例㊸】地下鉄内痴漢事件（迷惑防止条例違反）の被疑者について，被害少女へ
　　　の働きかけの可能性があるとして，勾留請求却下の原々決定を取り消した
　　　原決定は，その具体的状況がうかがわれないのに働きかけの程度ついて異
　　　なる判断の理由も示さない場合，取り消すべきである。（最1小決平26・
　　　11・17裁判集刑315号183頁，判時2245号124頁，判タ1409号123頁）

　　　　上記決定と後記㊻（95頁）の決定は，勾留・保釈という身柄拘束の問題
　　　について，最高裁第一小法廷が時期を接して判断を示したもので，両決定
　　　を併せて理解をすべきものである。

【判例㊹】業務上横領被疑事件において勾留請求を却下した原々裁判を取り消して
　　　勾留を認めた原決定には，刑訴法60条1項の解釈適用を誤った違法があ
　　　る。（最2小決平27・10・22裁判集刑318号11頁）

　　イ　被告人の勾留

　　　　被告人の勾留の必要性の判断では，捜査の進展の程度にかわって，訴訟
　　　進行の状況を考慮することになる。

5　二重勾留

(1)　二重勾留の意義

　二重勾留とは，A事実につき勾留中の被疑者について，更にB事実で勾留
することである。

(2)　二重勾留の可否

　逮捕・勾留の効力の及ぶ範囲について事件単位の原則（第2章第4の7，
46頁）によれば，各事実について勾留の要件が存する限り，二重勾留が許さ
れる。

6　再度の勾留

　　再度の勾留の請求，即ち，前にいったん被疑者を逮捕・勾留しながら処分保留のまま釈放し，再度同一の被疑事実について逮捕し勾留請求がなされた場合は，**勾留の蒸し返し**にならないかを検討しなければならない。

　　新たな証拠の発見，状況の変化など，再度の逮捕・勾留の必要性を示す事情が認められなければ，再度の勾留は許されない。

第3　勾留の請求

1　勾留請求の時間制限

(1)　被疑者を逮捕した場合

　　検察官は，逮捕状により被疑者を逮捕したとき，又は逮捕状により逮捕された被疑者（前条の規定により送致された被疑者を除く。）を受け取つたときは，直ちに犯罪事実の要旨及び弁護人を選任することができる旨を告げた上，弁解の機会を与え，留置の必要がないと思料するときは直ちにこれを釈放し，留置の必要があると思料するときは被疑者が身体を拘束された時から48時間以内に裁判官に被疑者の勾留を請求しなければならない。但し，その時間の制限内に公訴を提起したときは，勾留の請求をすることを要しない。　　（法204条1項）

　　第1項の時間の制限内に勾留の請求又は公訴の提起をしないときは，直ちに被疑者を釈放しなければならない。　　　　　　　　　　　　　　　（同条4項）

(2)　逮捕された被疑者の身柄送致を受けた場合

ア　勾留請求の時間の制限

　　検察官は，第203条の規定により送致された被疑者を受け取つたときは，弁解の機会を与え，留置の必要がないと思料するときは直ちにこれを釈放し，留置の必要があると思料するときは被疑者を受け取つた時から24時間以内に裁判官に被疑者の勾留を請求しなければならない。　　　　　（法205条1項）

　　前項の時間の制限は，被疑者が身体を拘束された時から72時間を超えることができない。　　　　　　　　　　　　　　　　　　　　　　　　　（同条2項）

イ　公訴提起の場合

　　前2項の時間の制限内に公訴を提起したときは，勾留の請求をすることを要しない。　　　　　　　　　　　　　　　　　　　　　　　　　　　　（同条3項）

ウ　被疑者の釈放

> 第１項及び第２項の時間の制限内に勾留の請求又は公訴の提起をしないときは，直ちに被疑者を釈放しなければならない。　　　　　　　　　　（同条４項）

(3)　制限時間遵守不能の場合

　ア　検察官の措置

> 検察官又は司法警察員がやむを得ない事情によつて前３条の時間の制限に従うことができなかつたときは，検察官は，裁判官にその事由を疎明して，被疑者の勾留を請求することができる。　　　　　　　　　　　　　（法206条１項）

　イ　裁判官の措置

> 前項の請求を受けた裁判官は，その遅延がやむを得ない事由に基く正当なものであると認める場合でなければ，勾留状を発することができない。
> 　　　　　　　　　　　　　　　　　　　　　　　　　　　　（同条２項）

2　資料の提供

(1)　資料の提供

> 被疑者の勾留を請求するには，次に掲げる資料を提供しなければならない。
> 一　その逮捕が逮捕状によるときは，逮捕状請求書並びに逮捕の年月日時及び場所，引致の年月日時，送致する手続をした年月日時及び送致を受けた年月日時が記載されそれぞれその記載についての記名押印のある逮捕状
> 二　その逮捕が現行犯逮捕であるときは，前号に規定する事項を記載した調書その他の書類
> 三　法に定める勾留の理由が存在することを認めるべき資料（規則148条１項）

　　　　規則148条１項１号及び２号は，勾留の手続的要件が遵守されたことを認めるべき資料を，３号は，勾留の実体的要件が存在することを認めるべき資料を，それぞれ提供すべきことを定めたものである。

(2)　制限時間遵守不能の場合

> 検察官又は司法警察員がやむを得ない事情によつて法に定める時間の制限に従うことができなかつたときは，これを認めるべき資料をも提供しなければならない。　　　　　　　　　　　　　　　　　　　　　　　（同条２項）

3　勾留質問

(1)　勾留質問の意義

　　勾留質問とは，被疑者（被告人）に対し被疑事実を告知し，これに関する陳述を聴取する手続である。

　　被告人の勾留は，被告人に対し被告事件を告げこれに関する陳述を聴いた後でなければ，これをすることができない。但し，被告人が逃亡した場合は，この限りでない。　　　　　　　　　　　　　　　　　　　　　　　　（法61条）

---

　(2)　被疑者の勾留

　　　法207条1項は，被疑者の勾留について，（刑事訴訟法第1編総則中の）被告人の勾留に関する規定が準用されることを定めている。

　　前3条の規定による勾留の請求を受けた裁判官は，その処分に関し裁判所又は裁判長と同一の権限を有する。但し，保釈については，この限りでない。

　　　　　　　　　　　　　　　　　　　　　　　　　　　　（法207条1項）

---

　(3)　被疑事実の告知

　　　被疑事実を告げるのは，被疑者の被疑事実についての弁解を聴くためであるから，単に罪名を告げるだけではたりず，被疑事実の要旨を告げることを要する。法60条1項各号の事由を告げることは必要ない。

　(4)　個人特定事項を明らかにしない方法による被疑事実の告知

　　　刑事訴訟法等の一部を改正する法律（令和5年法律第28号）により，勾留質問手続等において個人特定事項を明らかにしない方法で被疑事実を告知する制度が創設された。

　　　この規定の施行日は，令和6年2月15日である。（前記32頁）

　ア　個人特定事項の記載のない勾留状の抄本等の請求

　　検察官は，第201条の2第1項第1号又は第2号に掲げる者の個人特定事項について，必要と認めるときは，前条第1項の勾留の請求と同時に，裁判官に対し，勾留を請求された被疑者に被疑事件を告げるに当たつては当該個人特定事項を明らかにしない方法によること及び被疑者に示すものとして当該個人特定事項の記載がない勾留状の抄本その他の勾留状に代わるものを交付することを請求することができる。　　　　　　　　　　　　　　　　（法207条の2第1項）

　イ　勾留状に代わるものの記載要件

　法第207条の2第2項本文の勾留状に代わるものには，次に掲げる事項を記載し，裁判官が，これに記名押印しなければならない。

一　被疑者の氏名及び住居

二　罪名

三　法第207条の2第1項の規定による請求に係る個人特定事項を明らかにしない方法により記載した被疑事実の要旨

四　当該書面が法第207条の2第2項の規定によるものである旨

五　法第207条の2第2項の規定による措置に係る者がそれぞれ法第201条の2第1項第1号イ，ロ若しくはハ(1)若しくは(2)又は第2号イ若しくはロのいずれに該当するかの別

六　勾留すべき刑事施設

七　勾留状の有効期間及びその期間経過後は執行に着手することができず勾留状に代わるものはこれを返還しなければならない旨

八　勾留の請求の年月日

九　勾留状発付の年月日

十　勾留状を発付した裁判官の氏名

十一　法第60条第1項各号に定める事由　　　　　　　（規則149条の2第1項）

　第70条の2第2項及び第3項の規定は，法第207条の2第2項本文の勾留状に代わるものについてこれを準用する。　　　　　　　　　　　　（同第2項）

【書式例4の2】勾留状に代わるもの

　　ウ　準抗告

　　　裁判官が，勾留状は発したものの勾留状に代わるものの交付請求を却下した場合，検察官は，準抗告をすることができる。これは，法429条1項2号の勾留に関する裁判に該当するからである。

　　　裁判官が，勾留状に代わるものを交付した場合，被疑者は，このことを理由として準抗告をすることは認められない。

　第207条の2第2項（第224条第3項において読み替えて準用する場合を含む。）の規定による措置に関する裁判に対しては，当該措置に係る者が第201条の2第1項第1号又は第2号に掲げる者に該当しないことを理由として第1項の請求をすることができない。　　　　　　　　　　　　　　　　　　　　（法429条3項）

　　エ　個人特定事項を明らかにしない方法による被疑事実の告知

> 裁判官は，前項の規定による請求を受けたときは，勾留を請求された被疑者に被疑事件を告げるに当たつては，当該請求に係る個人特定事項を明らかにしない方法によるとともに，前条第５項本文の規定により勾留状を発するときは，これと同時に，被疑者に示すものとして，当該個人特定事項を明らかにしない方法により被疑事実の要旨を記載した勾留状の抄本その他の勾留状に代わるものを交付するものとする。ただし，当該請求に係る者が第201条の２第１項第１号又は第２号に掲げる者に該当しないことが明らかなときは，この限りでない。
> 　　　　　　　　　　　　　　　　　　　　　　　　　（法207条の２第２項）

　　オ　勾留手続に関する通知
　　　(ｱ)　個人特定事項の通知の裁判

> 裁判官は，前条第２項の規定による措置をとつた場合において，次の各号のいずれかに該当すると認めるときは，被疑者又は弁護人の請求により，当該措置に係る個人特定事項の全部又は一部を被疑者に通知する旨の裁判をしなければならない。
> 　一　イ又はロに掲げる個人特定事項の区分に応じ，当該イ又はロに定める場合であるとき。
> 　　イ　被害者の個人特定事項　当該措置に係る事件に係る罪が第201条の２第１項第１号イ及びロに規定するものに該当せず，かつ，当該措置に係る事件が同号ハに掲げるものに該当しないとき。
> 　　ロ　被害者以外の者の個人特定事項　当該措置に係る者が第201条の２第１項第２号に掲げる者に該当しないとき。
> 　二　当該措置により被疑者の防御に実質的な不利益を生ずるおそれがあるとき。
> 　　　　　　　　　　　　　　　　　　　　　　　　　（法207条の３第１項）

　　　(ｲ)　検察官の意見の聴取

> 裁判官は，前項の請求について裁判をするときは，検察官の意見を聴かなければならない。
> 　　　　　　　　　　　　　　　　　　　　　　　　　（同第２項）

　　　(ｳ)　勾留状の抄本等の交付

> 裁判官は，第1項の裁判（前条第2項の規定による措置に係る個人特定事項の一部を被疑者に通知する旨のものに限る。）をしたときは，速やかに，検察官に対し，被疑者に示すものとして，当該個人特定事項（当該裁判により通知することとされたものを除く。）を明らかにしない方法により被疑事実の要旨を記載した勾留状の抄本その他の勾留状に代わるものを交付するものとする。
>
> （同第3項）

(5)　黙秘権の告知等

　　被疑者に黙秘権及び弁護人選任権を告知するのが実務の取扱いである。

> 前項の裁判官は，勾留を請求された被疑者に被疑事件を告げる際に，被疑者に対し，弁護人を選任することができる旨及び貧困その他の事由により自ら弁護人を選任することができないときは弁護人の選任を請求することができる旨を告げなければならない。ただし，被疑者に弁護人があるときは，この限りでない。
>
> （法207条2項）

(6)　国選弁護手続の教示

> 前項の規定により弁護人を選任することができる旨を告げるに当たつては，勾留された被疑者は弁護士，弁護士法人又は弁護士会を指定して弁護人の選任を申し出ることができる旨及びその申出先を教示しなければならない。
>
> （同条3項）
>
> 第2項の規定により弁護人の選任を請求することができる旨を告げるに当たつては，弁護人の選任を請求するには資力申告書を提出しなければならない旨及びその資力が基準額以上であるときは，あらかじめ，弁護士会に弁護人の選任の申出をしていなければならない旨を教示しなければならない。
>
> （同条4項）

第4　勾留状の発付

　【書式例4の1】勾留状

1　勾留状の発付時期

　　法61条の被疑者の陳述を聴いた後とは，必ずしも勾留質問の直後であることを要しないが，時間的に接着していることを要する。

> 　裁判官は，第 1 項の勾留の請求を受けたときは，速やかに勾留状を発しなければならない。ただし，勾留の理由がないと認めるとき，及び前条第 2 項の規定により勾留状を発することができないときは，勾留状を発しないで，直ちに被疑者の釈放を命じなければならない。　　　　　　　　　　　　（同条 5 項）

2　勾留状の方式

(1)　勾留状の方式

> 　勾引状又は勾留状には，被告人の氏名及び住居，罪名，公訴事実の要旨，引致すべき場所又は勾留すべき刑事施設，有効期間及びその期間経過後は執行に着手することができず令状はこれを返還しなければならない旨並びに発付の年月日その他裁判所の規則で定める事項を記載し，裁判長又は受命裁判官が，これに記名押印しなければならない。　　　　　　　　　（法64条 1 項）

(2)　被疑者の氏名等が明らかでないとき

ア　氏名が明らかでないとき

> 　被告人の氏名が明らかでないときは，人相，体格その他被告人を特定するに足りる事項で被告人を指示することができる。　　　　　　　　　（同条 2 項）

イ　住居が明らかでないとき

> 　被告人の住居が明らかでないときは，これを記載することを要しない。
> 　　　　　　　　　　　　　　　　　　　　　　　　　　　　（同条 3 項）

(3)　勾留請求の日

> 　被疑者に対して発する勾留状には，勾留の請求の年月日をも記載しなければならない。　　　　　　　　　　　　　　　　　　　　　　　（規則149条）

　　被疑者の勾留の期間は，厳格に法定され（法208，208の 2 ）その期間の起算日は，「勾留請求の日」とされている（法208Ⅰ）。したがって，「勾留請求の日」は，身柄の拘束期間の算定という重大な事項に関係することになるから，これを勾留状それ自体に明確にするのが相当と考えられ，本条が設けられたものである。勾留状には，法64条により，勾留状発付の年月日を記載することになっているが，勾留状発付の年月日と勾留請求の日は必ずしも一致しないから，勾留状発付の年月日とは別に勾留請求の年月日を記載する必要性は高い。（規則逐条46頁）

(4)　勾留状の有効期間

【判例㊺】刑訴法64条により勾留状に記載すべき有効期間とは，勾留状を執行する
　　　　有効期間を指し，被告人を勾留すべき期間を意味しない。（最1小決昭
　　　　25・6・29刑集4巻6号1133頁）

　　　　勾留期間については後記80頁

3　勾留状の執行

> 　勾留状を執行するには，これを被告人に示した上，できる限り速やかに，か
> つ，直接，指定された刑事施設に引致しなければならない。　　（法73条2項）

　　勾留状執行後の処置については規則75条1項（前記62頁）

4　勾留通知

(1)　弁護人等への通知

> 　被告人を勾留したときは，直ちに弁護人にその旨を通知しなければならな
> い。被告人に弁護人がないときは，被告人の法定代理人，保佐人，配偶者，直
> 系の親族及び兄弟姉妹のうち被告人の指定する者1人にその旨を通知しなけれ
> ばならない。　　　　　　　　　　　　　　　　　　　　　　　（法79条）

(2)　弁護人等がないとき

> 　被告人を勾留した場合において被告人に弁護人，法定代理人，保佐人，配偶
> 者，直系の親族及び兄弟姉妹がないときは，被告人の申出により，その指定す
> る者1人にその旨を通知しなければならない。　　　　　　　（規則79条）

第5　少年の勾留

1　勾留に代わる措置

> 　検察官は，少年の被疑事件においては，裁判官に対して，勾留の請求に代え，
> 第17条第1項の措置を請求することができる。但し，第17条第1項第1号の措
> 置は，家庭裁判所の裁判官に対して，これを請求しなければならない。
> 　　　　　　　　　　　　　　　　　　　　　　　　　　（少年法43条1項）
> 　前項の請求を受けた裁判官は，第17条第1項の措置に関して，家庭裁判所と
> 同一の権限を有する。　　　　　　　　　　　　　　　　　　（同条2項）

2　少年の勾留

(1)　少年の勾留の制限

ア　罰金以下の刑に当たる罪の事件

　　少年の場合，罰金以下の刑に当たる罪の事件については刑事処分に付されることがないため（少年法20条 1 項），検察官請求による被疑者勾留を認める余地はなく，少年を勾留した場合には違法となる。

　　ただし，18歳以上の特定少年については，後記エのとおり特例がある。

イ　検察官への送致

> 　家庭裁判所は，拘禁刑以上の刑に当たる罪の事件について，調査の結果，その罪質及び情状に照らして刑事処分を相当と認めるときは，決定をもつて，これを管轄地方裁判所に対応する検察庁の検察官に送致しなければならない。
>
> 　　　　　　　　　　　　　　　　　　　　　　　　　（少年法20条 1 項）
>
> 　前項の規定にかかわらず，家庭裁判所は，故意の犯罪行為により被害者を死亡させた罪の事件であつて，その罪を犯すとき16歳以上の少年に係るものについては，同項の決定をしなければならない。ただし，調査の結果，犯行の動機及び態様，犯行後の情況，少年の性格，年齢，行状及び環境その他の事情を考慮し，刑事処分以外の措置を相当と認めるときは，この限りでない。
>
> 　　　　　　　　　　　　　　　　　　　　　　　　　　　　（同条 2 項）

ウ　司法警察員の送致

> 　司法警察員は，少年の被疑事件について捜査を遂げた結果，罰金以下の刑にあたる犯罪の嫌疑があるものと思料するときは，これを家庭裁判所に送致しなければならない。　　　　　　　　　　　　　　　　　（少年法41条前段）

エ　特定少年の特例

　　少年法等の一部を改正する法律（令和 3 年法律第47号，令和 4 年 4 月 1 日施行）により，18歳以上の特定少年については，刑事事件の特例が定められている。

　(ア)　検察官への送致についての特例

> 　家庭裁判所は，特定少年（18歳以上の少年をいう。以下同じ。）に係る事件については，第20条の規定にかかわらず，調査の結果，その罪質及び情状に照らして刑事処分を相当と認めるときは，決定をもつて，これを管轄地方裁判所に対応する検察庁の検察官に送致しなければならない。　　（少年法62条 1 項）
>
> 　前項の規定にかかわらず，家庭裁判所は，特定少年に係る次に掲げる事件については，同項の決定をしなければならない。ただし，調査の結果，犯行の動

機，態様及び結果，犯行後の情況，特定少年の性格，年齢，行状及び環境その他の事情を考慮し，刑事処分以外の措置を相当と認めるときは，この限りでない。
一　故意の犯罪行為により被害者を死亡させた罪の事件であつて，その罪を犯すとき16歳以上の少年に係るもの
二　死刑又は無期若しくは短期1年以上の拘禁刑に当たる罪の事件であつて，その罪を犯すとき特定少年に係るもの（前号に該当するものを除く。）
（同条2項）

　　(イ)　刑事事件の特例
　　　　特定少年の被疑事件については，罰金以下の刑に当たる罪の場合でも，検察官からの勾留請求が可能となった。

　第41条及び第43条第3項の規定は，特定少年の被疑事件（同項の規定については，第20条第1項又は第62条第1項の決定があつたものに限る。）については，適用しない。　　　　　　　　　（少年法67条1項）

　　　　　　　逆送決定を受けた特定少年である被疑者や特定少年である被告人については，やむを得ない場合でなくとも，勾留状の発付が可能となった。

　第48条第1項並びに第49条第1項及び第3項の規定は，特定少年の被疑事件（第20条第1項又は第62条第1項の決定があつたものに限る。）の被疑者及び特定少年である被告人については，適用しない。　　　　　（同条2項）

　(2)　やむを得ない場合
　　ア　やむを得ない場合
　　　　少年の勾留に関しては，少年法43条3項，48条1項において，成人事件における勾留とは異なった制限規定が設けられている。

　検察官は，少年の被疑事件においては，やむを得ない場合でなければ，裁判官に対して，勾留を請求することはできない。　　　（少年法43条3項）
　勾留状は，やむを得ない場合でなければ，少年に対して，これを発することはできない。　　　　　　　　　　　　　　　（少年法48条1項）

　　イ　やむを得ない理由がない場合
　　　　少年の勾留は，「やむを得ない場合」でなければ許されず，やむを得ない理由がない場合において少年の身柄を確保する必要がある場合には，勾

留に代えて**観護措置**を請求することができる（少年法43条1項，前記76頁）。

【書式例4の3】観護状

(3) やむを得ない理由

　ア　少年鑑別所の施設上の理由

　　少年鑑別所の収容力に余力がなく収容できない場合や，少年鑑別所が遠隔地にあって取調べに支障を生ずる場合である。

　イ　少年被疑者の個人的理由

　　年齢切迫少年や年長少年で，成人と同様に扱っても，少年の心身に悪影響を与えるおそれがない場合である。

　ウ　事件の性質上の理由

　　刑事処分が相当で逆送される可能性が高い場合などである。

　エ　捜査遂行上の理由

　　被疑者や関係者が多数おり，接見交通の制限の必要がある場合や，勾留に代わる観護措置では期間が10日間と定められている（少年法44条3項）のでその期間では捜査を完了することができない場合などである。

【判例㊻】少年法43条3項，48条1項にいわゆる「やむを得ない場合」とは，少年である被疑者が刑事訴訟法60条所定の要件を完備する場合において，当該裁判所の所在地に少年鑑別所又は代用鑑別所がなく，あっても収容能力の関係から収容できない場合，又は少年の性行，罪質等により勾留によらなければ捜査の遂行上重大な支障を来すと認められる場合等を指称する。(横浜地決昭36・7・12下刑集3巻7～8号800頁，家裁月報15巻3号186頁)

3　勾留に代わる措置の効力

　裁判官が前条第1項の請求に基いて第17条第1項第2号の措置をとるときは，令状を発してこれをしなければならない。　　　　　　（少年法44条2項）
　前項の措置の効力は，その請求をした日から10日とする。　　　　　（同条3項）

4　少年の勾留場所

　少年を勾留する場合には，少年鑑別所にこれを拘禁することができる。
　　　　　　　　　　　　　　　　　　　　　　　　　　（少年法48条2項）

(1) 家裁送致前の勾留

　　少年の勾留場所として少年鑑別所を選択する基準は，次のとおりである。

【判例㊼】少年である被疑者の勾留場所については，少年法の法意を尊重しつつ，

　　　　勾留場所が少年の成育に及ぼす影響や，被疑者及び弁護人の防御権の行使
　　　　と勾留後における捜査の必要との調和を考慮の上，個々の事案に則して決
　　　　定すべきである。（福岡地決平2・2・16家裁月報42巻5号122頁）
　(2)　公訴提起後の勾留
　　　　公訴提起後は，少年であっても，原則として刑事施設に勾留し，少年鑑別
　　所に勾留するのは例外とする運用がなされている。
【判例㊽】少年の勾留場所について，公訴提起後は，原則として拘置所に勾留し，
　　　　少年鑑別所に勾留するのは例外であるとして制度を運用することには十分
　　　　合理性がある。本件において，例外的に少年鑑別所に勾留することを相当
　　　　とする事情は見い出されない。（東京地決平17・9・13家裁月報58巻6号
　　　　75頁）
　(3)　取扱いの分離

　少年の被疑者又は被告人は，他の被疑者又は被告人と分離して，なるべく，
その接触を避けなければならない。　　　　　　　　　　　　　（少年法49条1項）

第6　勾留期間

1　勾留期間

　第207条の規定により被疑者を勾留した事件につき，勾留の請求をした日か
ら10日以内に公訴を提起しないときは，検察官は，直ちに被疑者を釈放しなけ
ればならない。　　　　　　　　　　　　　　　　　　　　　　（法208条1項）

---

　(1)　勾留期間の起算日
　　　　勾留請求の日から起算される。勾留の日からではない。
　(2)　期間の計算
　　　　初日を算入し，期間の末日が一般の休日にあたるときも，期間に算入する。
　　　（法55条の時効期間に関する規定を準用する。最2小決昭26・4・27刑集5
　　　巻5号957頁）
　(3)　公訴提起後
　　　　公訴が提起されると，被疑者勾留は被告人勾留に切りかわり，公訴提起の
　　　日から改めて計算される。（法60条2項）

2　勾留期間の延長

> 　裁判官は，やむを得ない事由があると認めるときは，検察官の請求により，前項の期間を延長することができる。この期間の延長は，通じて10日を超えることができない。
> 　　　　　　　　　　　　　　　　　　　　　　　　　　　（同条 2 項）

(1)　やむを得ない事由

　　やむを得ない事由があるとは，①捜査を継続しなければ検察官が事件を処分できないこと（起訴するか否か，公判請求か略式請求か），②10日間の勾留期間内に捜査を尽くせなかったと認められること，③勾留を延長すれば捜査の障害が取り除かれる見込みがあることのいずれも認められることである。

【判例㊾】208条 2 項の「やむを得ない事由があると認めるとき」とは，事件の複雑困難（被疑者若しくは被疑事実多数のほか，計算複雑，被疑者関係人らの供述又はその他の証拠の食違いが少なからず，あるいは取調を必要と見込まれる関係人，証拠物等多数の場合等），あるいは証拠蒐集の遅延若しくは困難（重要と思料される参考人の病気，旅行，所在不明若しくは鑑定等に多くの日時を要すること）等により勾留期間を延長して更に取調をするのでなければ起訴もしくは不起訴の決定をすることが困難な場合をいうものと解するのが相当である（なお，この「やむを得ない事由」の存否の判断には当該事件と牽連ある他の事件との関係も相当の限度で考慮に入れることを妨げるものではない）。（最 3 小判昭37・7・3 民集16巻 7 号1408頁，判時312号20頁）

(2)　理由の記載

　　実務においても，理由の記載はこれを踏まえて，①事件の複雑困難性に起因する捜査未了—被疑者多数，共犯関係複雑，被疑事実多数，被疑事実の内容複雑，計算関係複雑，検討を要する証拠物多数等，②証拠の収集遅延・困難に起因する捜査未了—被疑者・共犯者・重要参考人の病気・旅行・所在不明・不出頭・逃走・遠隔地居住等による取調べ未了，被疑者の供述の裏付け捜査未了，実況見分未了，遠隔地への捜査照会未着，鑑定未了，被疑者の精神診断未了等，③余罪関係の捜査未了—余罪を取り調べなければ勾留事実について処分を決しがたい，勾留事実と一罪の関係にある余罪の取調べのためなどというように記載されている。（規則逐条53頁）

【判例㊿】裁判官は検察官の請求よりも短い期間しか延長を認めないことができるが，検察官は再度の延長を請求できるから，準抗告による不服申立ての利益を欠く。（前橋地決昭59・12・15刑事月報16巻11〜12号756頁）

(3)　勾留期間の延長の請求

　ア　期間の延長の請求

法第208条第2項又は第208条の2の規定による期間の延長の請求は，書面で
これをしなければならない。　　　　　　　　　　　　　　　　　　　（規則151条1項）

　前項の書面には，やむを得ない事由及び延長を求める期間を記載しなければ
ならない。　　　　　　　　　　　　　　　　　　　　　　　　　　　（同条2項）

　延長の請求書には，実務では，単に事案複雑，参考人取調未了等の抽象
的な記載にとどめることなく，それまでの捜査状況等をも付加し，これを
より具体的に説明していることが多い。また，延長期間（日数）は裁判官
が裁量で定めるものではあるが，まず請求者である検察官にその求める期
間を記載させ，これを参考として延長すべき期間を決定することにしたの
である。（規則逐条51頁）

　イ　資料の提供

前条第1項の請求をするには，勾留状を差し出し，且つやむを得ない事由が
あることを認めるべき資料を提供しなければならない。　　　　　（規則152条）

(4)　勾留期間の延長の裁判

裁判官は，第151条第1項の請求を理由があるものと認めるときは，勾留状
に延長する期間及び理由を記載して記名押印し，かつ裁判所書記官をしてこれ
を検察官に交付させなければならない。　　　　　　　　　　　（規則153条1項）

　勾留期間の延長については，勾留期間満了前に許否の裁判をすることが必
要である。

　実際にも，延長請求の必要性は，もとより事案によるが，必ずしも満了日
にならなければ判断できないというものではない。実務では，満了日の前日
又は前々日になされる例も少なくない。（規則逐条51頁）

前項の延長の裁判は，同項の交付をすることによつてその効力を生ずる。
　　　　　　　　　　　　　　　　　　　　　　　　　　　　　　（同条2項）

第7　勾留理由開示

1　勾留理由開示制度

> 　又，何人も，正当な理由がなければ，拘禁されず，要求があれば，その理由は，直ちに本人及びその弁護人の出席する公開の法廷で示されなければならない。
> 　　　　　　　　　　　　　　　　　　　　　　　　　　（憲法34条後段）

(1) 憲法34条後段と勾留理由開示制度

　刑訴法82条以下に定められている**勾留理由開示制度**は，憲法34条後段に由来するとされ，制度の趣旨については，上記憲法の規定との関連において論ぜられるのが一般である。

　学説はさまざまであるが，憲法34条後段の解釈の背景となる英米法の**ヘイビアス・コーパス**（habeas corpus）との関係において，次のように大別される。

　第1説は，憲法34条後段は，ヘイビアス・コーパスの制度そのものを採用したものであるとする。

　第2説は，憲法34条後段の規定は，ヘイビアス・コーパスの制度を，刑事手続に限って採用したものであるとする。

　第3説は，憲法34条後段の規定は，ヘイビアス・コーパスの制度に由来することは確かであるが，それをそのままの姿で採用したものではなく，単に，拘禁理由を公開の法廷において開示すべきことを要求するに過ぎなく，勾留理由開示の制度も，その趣旨において設けられたものであるとする。（後記(2)の甲説）

　第4説は，憲法の解釈においては第1説をもって足りるが，憲法も究極的には不法拘禁からの救済を目指していると考えられるから，刑訴法は，上記憲法の意図をうけて，単に拘禁理由の開示にとどまらず，不法拘禁からの救済をも目的とするものとして，本制度を設けたと解すべきであるとする。（後記(2)の乙説）

(2) 勾留理由開示制度の目的

　現行刑訴法の規定する勾留理由開示制度が勾留の理由を公開の法廷で開示することによって人権の侵害を抑制することにあると解釈する点においてはほぼ見解が一致する。ただ，勾留理由の開示と人権の侵害の防止との関連をどのようにとらえるかによって，見解が分かれるのである。

　甲説は，勾留理由開示制度の目的は，「勾留状が犯罪の嫌疑なしにまた法の定める理由なしに発せられることのないよう世論の批判を受けさせようとする」こと，あるいは，「秘密裡に人身の自由を拘束することを避けるため，拘束の理由を公にすることを求める」ことにあるとみる。この制度の存在に

より，後日，「公開の法廷」で勾留理由を開示すべきことになることがあるということから，裁判所（裁判官）が被告人（被疑者）を勾留する際に，判断をより慎重にし，違法勾留を未然に防止する作用のあることに着目するものともいえよう。この説では，告知すべき勾留の理由は，令状発付時のもので足りるということになる。

これに対して，近時の有力説（乙説）は，甲説の見解を肯定した上に，さらに勾留理由の開示の目的を現実の拘禁からの解放にもあるものとしてとらえる。すなわち，勾留理由開示を，勾留取消請求権と一体のものとしてとらえ，勾留取消請求権の行使を容易にするための手段（被疑者・被告人に対する情報提供）とみる。この立場からすれば，告知すべき勾留の理由は，令状発付時のもののほか，開示当時のものを含むことになる。

実務的には，右のうちの甲説を支持する裁判官が多いと思われる。(判例解説平成5年度21頁)

2　勾留理由開示の請求

> 勾留されている被告人は，裁判所に勾留の理由の開示を請求することができる。（法82条1項）
> 勾留されている被告人の弁護人，法定代理人，保佐人，配偶者，直系の親族，兄弟姉妹その他利害関係人も，前項の請求をすることができる。（同条2項）

(1)　勾留されている被告人

勾留されている被告人とは，勾留の裁判によって現実に身体を拘束されている被告人をいう。

保釈又は勾留執行停止の裁判により釈放されている者は，これにあたらない。

(2)　請求権者

被告人，弁護人，法定代理人，保佐人，配偶者，直系の親族，兄弟姉妹その他利害関係人である。

【判例(51)】「利害関係人」とは，被告人又は被疑者が勾留されることについて身分的関係又はこれに類する直接かつ具体的な利害関係を有する者を指称する。組合員たる被疑者の勾留の理由開示請求を不適法として却下した裁判に対する準抗告につき，労働組合の執行委員長は，「利害関係人」には当たらない。(東京地決昭34・8・27下刑集1巻8号1888頁)

(3)　開示裁判所

ア　被疑者の勾留

勾留状を発付した裁判所の裁判官が開示する。

　　イ　起訴後第 1 回公判期日前

　　　公訴の提起を受けた裁判所の裁判官が開示する。

【判例52】簡易裁判所の裁判官が発した勾留状によって勾留されている被疑者の事件が地方裁判所に起訴された場合には，第 1 回公判期日前における勾留理由の開示はその地方裁判所の裁判官が，第 1 回公判期日後は受訴裁判所が行うべきである。（最 3 小決昭47・4・28刑集26巻 3 号249頁，判時667号93頁，判タ276号259頁）

　　ウ　第 1 回公判期日後

　　　公判裁判所が開示する。

【判例53】同一勾留継続中は，勾留理由の開示は 1 回に限られるから，すでに 1 審において開示がなされているときは，上訴審で開示請求をすることは許されない。（最 1 小決昭29・8・5 刑集 8 巻 8 号1237頁，判時34号24頁）

【判例54】第 1 審で被告人の勾留が開始された後，勾留のまま第 1 審裁判所が被告人に対して実刑判決を言い渡し，その後，被告人の控訴により訴訟記録が控訴裁判所に到達している場合には，第 1 審裁判所に対するものであっても勾留理由開示の請求をすることは許されない。（最 2 小決平26・1・21裁判集刑313号 1 頁，判時2223号129頁，判タ1401号172頁）

　(4)　請求の方式

> 　勾留の理由の開示の請求は，請求をする者ごとに，各別の書面で，これをしなければならない。　　　　　　　　　　　　　　　　　（規則81条 1 項）
> 　法第82条第 2 項に掲げる者が前項の請求をするには，被告人との関係を書面で具体的に明らかにしなければならない。　　　　　　　　　（同条 2 項）

　(5)　請求の却下

> 　前条の規定に違反してされた勾留の理由の開示の請求は，決定で，これを却下しなければならない。　　　　　　　　　　　　　　　　（規則81条の 2 ）

3　開示期日

　(1)　開示期日

> 勾留の理由の開示の請求があつたときは，裁判長は，開示期日を定めなけれ
> ばならない。　　　　　　　　　　　　　　　　　　　　（規則82条1項）
>
> 　開示期日には，被告人を召喚しなければならない。　　　　（同条2項）
>
> 　開示期日は，検察官，弁護人及び補佐人並びに請求者にこれを通知しなけれ
> ばならない。　　　　　　　　　　　　　　　　　　　　　　（同条3項）

(2)　開示の請求と開示期日

> 　勾留の理由の開示をすべき期日とその請求があつた日との間には，5日以上
> を置くことはできない。但し，やむを得ない事情があるときは，この限りでな
> い。　　　　　　　　　　　　　　　　　　　　　　　　　（規則84条）

4　勾留理由開示の手続

(1)　開示手続の公開

> 　勾留の理由の開示は，公開の法廷でこれをしなければならない。
>
> 　　　　　　　　　　　　　　　　　　　　　　　　　　　（法83条1項）

(2)　裁判所

> 法廷は，裁判官及び裁判所書記が列席してこれを開く。　　（同条2項）

(3)　当事者

> 　被告人及びその弁護人が出頭しないときは，開廷することはできない。但
> し，被告人の出頭については，被告人が病気その他やむを得ない事由によつて
> 出頭することができず且つ被告人に異議がないとき，弁護人の出頭について
> は，被告人に異議がないときは，この限りでない。　　　　（同条3項）

　　ア　弁護人

　　　　弁護人の出頭に関しては，裁判官において弁護人の選任がないのに開廷
　　　し勾留の理由を告知した行為に対する準抗告の申立ては，許されない。

【判例㊺】勾留理由開示の手続においてされる裁判官の行為は，刑訴法429条1項
　　　　2号にいう勾留に関する裁判には当たらず，これに対する準抗告の申立て
　　　　は，不適法である。（最2小決平5・7・19刑集47巻7号3頁）

　　イ　検察官

　　　　検察官の出席は開廷の要件ではない。検察官が出席した場合は，意見を
　　　述べることができる。（法84条2項，後記87頁）

5　開示すべき理由の時点

開示すべき勾留の理由はいつの時点におけるものかについては，勾留状発付時の理由を告げれば足りるとする説と，開示時の理由をも含むとする説があるが，勾留理由開示制度を勾留理由の公開にとどまるとみる立場（前記 1 (2)，83 頁）からは，前説をもって足りることになるだろう。

したがって，勾留延長又は更新の理由は原則として開示することを要しない。

6　開示すべき勾留の理由

> 法廷においては，裁判長は，勾留の理由を告げなければならない。
>
> （法84条 1 項）

(1)　開示すべき勾留の理由の範囲

開示すべき理由の範囲については，勾留の原因となった犯罪事実と60条 1 項各号の事由が，これに含まれるとすることに争いはない。そして，勾留の必要については，法60条 1 項各号の事由がある場合には，通常勾留の必要も認められるのが一般であるから，勾留の理由のほかに必要まで開示する必要はないと解されている。（大コン刑訴第 2 巻139頁）

(2)　証拠の開示

ア　被疑者の勾留理由開示

証拠の内容については，開示することを要しない。被疑者の勾留理由開示手続の場合，証拠の内容を具体的に開示することになると，検察官が収集した証拠の探知の手段として勾留理由開示手続が利用される可能性もあり，捜査の密行性の要請から，証拠の内容を具体的に明らかにすることは相当ではないと考えられる。

イ　被告人の勾留理由開示

証拠の内容を示すにしても，供述者の氏名などは明らかにしないとか，概括的に証拠の種類や通数を示すにとどめる運用が実務においては行われているが，こうした方法は，被告人の人権保障と捜査の利益とのバランスを失することなく，勾留理由開示制度の目的を達しようとするもので，誠に妥当なものといえよう。（大コン刑訴第 2 巻140頁）

7　意見陳述

> 検察官又は被告人及び弁護人並びにこれらの者以外の請求者は，意見を述べることができる。但し，裁判長は，相当と認めるときは，意見の陳述に代え意見を記載した書面を差し出すべきことを命ずることができる。　　（同条 2 項）

(1)　検察官の意見陳述

　　　検察官の出席は開廷の要件ではないため，検察官が出席することはあまりない。出席しても，検察官が意見陳述をすることは少ない。

(2)　被告人及び弁護人の意見陳述

　　　意見陳述の際に，弁護人，被告人その他法87条所定の者が勾留の取消しを求める陳述をしたときは，勾留取消しの申立てをする趣旨（あるいは職権発動を促す趣旨）かどうかを確認すべきであろう。

(3)　意見陳述の時間の制限

　法第84条第2項本文に掲げる者が開示期日において意見を述べる時間は，各10分を超えることができない。　　　　　　　　　　　　（規則85条の3第1項）

　前項の者は，その意見の陳述に代え又はこれを補うため，書面を差し出すことができる。　　　　　　　　　　　　　　　　　　　　　　　　　（同第2項）

8　勾留理由開示の例【シナリオ】

裁判官　開廷します。被疑者は，証言台の前に立ってください。

　　　　名前は何といいますか。

被疑者　○○○○です。

裁判官　生年月日はいつですか。

被疑者　平成○○年○月○日です。

裁判官　住所はどこですか。

被疑者　東京都○○区○○町○丁目○番○号です。

裁判官　職業は何ですか。

被疑者　会社員です。

裁判官　○月○日付けの書面で，弁護人から勾留理由の開示の請求がありましたので，いまから勾留理由開示の手続をします。被疑者は，元の位置に戻って，座って聞いていてください。

裁判官　本件の勾留の理由を開示します。

　　　　本件被疑事実の要旨は，「被疑者は，○○○○と共謀の上，令和○年○月○日，東京都○○区○○町○丁目○番○号において，〜したものである。」というものです。

　　　　この事実については，検察官が勾留請求に際して裁判官に提出した一件記録により，被疑者が罪を犯したことを疑うに足りる相当の理由があると認められました。

　　　　また，一件記録から認められる本件事案の内容，被疑者と共犯者と

　　　　　の関係，被疑者及び共犯者の供述状況等に照らすと，被疑者が，共犯者と通謀するなどして，本件被疑事実及び重要な情状事実につき罪証を隠滅すると疑うに足りる相当な理由があると認められました。

　　　　　これらの事情に加えて，一件記録から認められる被疑者の身上及び生活状況等をも考慮すると，被疑者が逃亡すると疑うに足りる相当な理由もあると認められました。

　　　　　そこで，刑事訴訟法60条1項2号，3号に該当する事由があると認められ，これらの事情を総合すれば，勾留の必要性もあると認められました。

　　　　　勾留の理由は以上です。

裁判官　求釈明に移ります。○月○日付けで，弁護人から求釈明書が提出されていますが，弁護人はこのとおり釈明を求めるということですね。弁護人は，求釈明書を朗読されますか。

　　　　　〔求釈明事項に対する裁判官の釈明〕

裁判官　それでは意見陳述に移ります。被疑者，弁護人は各10分以内で意見を述べることができます。

　　　　　意見陳述の順序は，弁護人からでよろしいですか。

弁護人　はい。弁護人の意見を述べます。本件勾留については～と考えます。

裁判官　次に被疑者の意見陳述に移ります。被疑者は，証言台の前に立ってください。

被疑者　私の意見は～です。

裁判官　以上で勾留理由開示手続を終わります。閉廷します。

9　調書の作成

> 　開示期日における手続については，調書を作り，裁判所書記官が署名押印し，裁判長が認印しなければならない。　　　　　　　　　　（規則86条）

【判例㊌】公訴提起後第1回公判期日前に，弁護人による起訴前の勾留理由開示の期日調書の謄写申請について，裁判官が刑訴法40条1項に準じて行った不許可処分に対しては，同法429条1項2号による準抗告を申し立てることはできず，同法309条2項により異議を申立てることができるにとどまる。

　　　　（最2小決平17・10・24刑集59巻8号1442頁，判時1913号166頁，判タ1195頁125頁）

第８　接見等禁止

１　接見等禁止

勾留されている被疑者について，接見，通信，物の授受等による逃亡や罪証隠滅のおそれがある場合には，**接見等禁止**の決定をすることができる。

> 裁判所は，逃亡し又は罪証を隠滅すると疑うに足りる相当な理由があるときは，検察官の請求により又は職権で，勾留されている被告人と第39条第１項に規定する者以外の者との接見を禁じ，又はこれと授受すべき書類その他の物を検閲し，その授受を禁じ，若しくはこれを差し押えることができる。但し，糧食の授受を禁じ，又はこれを差し押えることはできない。　（法81条）

２　接見等禁止の要件

接見等禁止は，勾留していてもなお逃亡し，又は罪証を隠滅すると疑うに足りる相当な理由がある場合に，例外的な措置としてなされるものである。

したがって，法81条の「逃亡し又は罪証を隠滅すると疑うに足りる相当な理由」は，勾留だけでは防止できない強度で具体的なものでなければならない。

【判例(57)】刑訴法81条の罪証を隠滅すると疑うに足りる相当な理由があるときとは，被疑者を勾留しただけでは防止することができない強度の罪証隠滅のおそれを窺わせる事情がある場合をいう。（浦和地決平３・６・５判タ763頁287頁）

罪証隠滅のおそれについては，裁判員裁判の導入を契機として，より具体的，実質的に判断しているのが，最近の実務の運用である。

【判例(58)】傷害致死被告事件において接見等禁止の裁判に対する準抗告を棄却した原決定に刑訴法81条，426条の解釈適用を誤った違法があるとされた事例。（最３小決平31・３・13裁判集刑325号83頁，判時2423号111頁，判タ1462号33頁）

３　接見等禁止期間の終期

実務上，被疑者に対する接見等禁止の決定には，「公訴の提起に至るまで」という終期を定めている。

４　接見等禁止の一部解除

接見等禁止の一部解除とは，特定の者との接見を許可したり，一定の書類の授受を許可することである。

【判例(59)】刑訴法81条の接見等禁止の裁判は，被疑者を勾留していてもなお逃亡し又は罪証を隠滅をすると疑うに足りる相当な理由がある場合に，同法80条の例外的措置としてなされるものである。接見禁止が被疑者に対する重大

な心理的苦痛をももたらすものである点に鑑み，極めて慎重に，最小限度の運用にとどめるべきである。接見禁止の裁判の後において，具体的場合に応じその一部を解除し，弁護人等以外の特定人との接見を許可することを妨げないし，当初から特定人については，接見禁止から除外し，一部の者との接見のみを禁止することも妥当な措置である。（大阪地決昭34・2・17下刑集1巻2号496頁）

5　接見等禁止の解除の申立て

接見等禁止の解除については，当事者に申立ての権利はない。

【判例⑩】刑訴法81条による接見等禁止の裁判に対し，被告人又は弁護人がその必要が消滅したとして取消しを求める趣旨の申立ては，裁判官の職権の発動を促すにすぎない。（東京地決昭46・6・30刑事月報3巻6号839頁）

第9　保釈

1　保釈の意義

保釈とは，保証金の納付を条件として，勾留の執行を停止し，被告人を現実の拘束状態から解く制度である。

被疑者については，保釈は認められない。

2　保釈の種類

(1)　手続上の区別

ア　請求による保釈（法88条）

イ　職権による保釈（法90条）

(2)　裁判所の裁量権による区別

ア　権利保釈（法89条）

権利保釈（必要的保釈）とは，保釈請求権者の適法な保釈請求があれば，裁判所が，必ず許可しなければならない場合である。

イ　裁量保釈（法90条）

裁量保釈（任意的保釈）とは，裁判所が，保釈の許可・不許可を裁量によって決めることができる場合である。

ウ　義務的保釈（法91条）

義務的保釈は，勾留による拘禁が不当に長くなったときに，裁判所に保釈を許すことを命ずる場合である。

3　保釈の請求

> 　勾留されている被告人又はその弁護人，法定代理人，保佐人，配偶者，直系の親族若しくは兄弟姉妹は，保釈の請求をすることができる。（法88条1項）

(1)　請求権者

　　保釈の請求権者は，勾留されている被告人又はその弁護人，法定代理人，保佐人，配偶者，直系の親族若しくは兄弟姉妹である。

　　弁護人からの保釈請求の場合には，弁護人選任届が提出されており，かつ，それが適式のものでなければならない。

【判例㊽】氏名を記載することができない合理的な理由がないのに，署名のない弁護人選任届によってした被告人の弁護人選任届は無効である。（最1小決昭44・6・11刑集23巻7号941頁，判時558号93頁，判タ236号208頁）

(2)　請求の方式

　　請求の方式については，規則296条（申立その他の申述の方式）によるが，実務では，書面で請求がなされている。

(3)　請求の取下げ

　　請求の取下げについては，明文の規定はないが，保釈の許否の裁判があるまでは認められる。

(4)　請求の失効

> 　第82条第3項〔保釈等による請求の失効〕の規定は，前項の請求についてこれを準用する。　　　　　　　　　　　　　　　　　　　　（同条2項）

　　保釈，勾留の執行停止，勾留の取消があったとき，又は勾留状の効力が消滅したときは，保釈の請求は効力を失う。

4　保釈の裁判

　　保釈は，被告人ごとになされるものではなく，勾留の裁判（勾留状）ごとになされるものである（事件単位説，46頁）。したがって，2通以上の勾留状が併存している場合は，それぞれの勾留について保釈許可決定がないと，被告人は現実に身柄の拘束を解かれないことになる。実務では，2通以上の勾留状が併存している場合には，併合して1通の保釈許可決定をしている。

(1)　権利保釈

保釈の請求があつたときは，次の場合を除いては，これを許さなければならない。

一　被告人が死刑又は無期若しくは短期 1 年以上の拘禁刑に当たる罪を犯したものであるとき。

二　被告人が前に死刑又は無期若しくは長期10年を超える拘禁刑に当たる罪につき有罪の宣告を受けたことがあるとき。

三　被告人が常習として長期 3 年以上の拘禁刑に当たる罪を犯したものであるとき。

四　被告人が罪証を隠滅すると疑うに足りる相当な理由があるとき。

五　被告人が，被害者その他事件の審判に必要な知識を有すると認められる者若しくはその親族の身体若しくは財産に害を加え又はこれらの者を畏怖させる行為をすると疑うに足りる相当な理由があるとき。

六　被告人の氏名又は住居が分からないとき。　　　　　　　　（法89条）

　　ア　法89条の趣旨

　　　　法89条は，適法な保釈の請求があったときは，各号所定の事由がある場合を除き，保釈を許さなければならないとして，権利保釈を認めた規定である。

　　　　法89条各号所定の事由がある場合であっても，後記(2)の裁量保釈（法90条）が許される場合がある。

　　イ　1 号事由の「当たる罪」

　　　　法定刑を基準とする。

【判例㉒】幇助犯については，正犯の罪の法定刑を基準として刑訴法89条 1 号の事由の有無を判断すべきである。（大阪高決平 2 ・ 7 ・30高刑集43巻 2 号96頁，判時1370号158頁，判タ750号255頁）

　　ウ　3 号事由の「常習性」

　　　　勾留の基礎となっている罪についての常習性をいう。その罪について常習性が犯罪の構成要件要素となっている場合だけでなく，広く一般に，その罪が常習として行われた場合を含む。常習性は，前科の有無を問わない。

【判例㉓】89条 3 号にいう常習性とは，犯罪の反復によって表現される行為者の犯罪への傾向をいう。必ずしも同一構成要件の範囲に限らない。同時に，単に前科があるというだけでは常習と判断することはできず各罪との関連性特に罪責の類似性を検討し，これを足がかりにして，さらに科学的見地から個々の犯罪者について具体的個別的に判断されねばならない。傷害罪は

暴行の結果的加重犯として惹起されることが多いから，傷害罪が常習として犯されたかどうかについては暴行罪の反復累行がその判断の資料となる。（福岡高決昭41・4・28下刑集8巻4号610頁，判時449号66頁）

エ　4号事由の「罪証を隠滅すると疑うに足りる相当な理由」

89条4号に該当する場合には，実務では，第1回公判終了後あるいは検察官立証が終了した後には保釈を許可する例がある。（大コン刑訴第2巻177頁）

オ　5号事由の「審判に必要な知識を有すると認められる者」

主として，証人がこれにあたる。情状証人も含まれる。

(2)　裁量保釈

> 裁判所は，保釈された場合に被告人が逃亡し又は罪証を隠滅するおそれの程度のほか，身体の拘束の継続により被告人が受ける健康上，経済上，社会生活上又は防御の準備上の不利益の程度その他の事情を考慮し，適当と認めるときは，職権で保釈を許すことができる。（法90条）

平成28年の刑訴法改正（法律第54号）により，刑訴法90条が改正され，裁量保釈の考慮事情が明記されたが，同規定は平成28年6月23日から施行されている。

権利保釈（法89条，前記93頁）によって保釈されない場合であっても，裁判所の職権による保釈（法90条）が認められる場合がある。

ア　裁判官による裁量保釈

第1回公判期日までの裁判官による保釈についても，法90条に記載された考慮事情を衡量して，適当と認められる場合に保釈を許可することになる。

被告人が数個の公訴事実について起訴され，そのうち一部の公訴事実についてだけ勾留状が発せられている場合に，裁量保釈の許否を審査するにあたっては，勾留状の発せられていない公訴事実を考慮することができる。

【判例(64)】被告人が甲，乙，丙の3個の公訴事実につき起訴され，そのうち甲事実のみについて勾留状が発せられている場合において，裁量保釈の許否を審査するにあたっては，甲事実の事案の内容や性質，被告人の経歴，行状，性格等の事情を考察するための一資料として，勾留状の発せられていない乙，丙各事実を考慮することは差し支えない。（最3小決昭44・7・14刑集23巻8号1057頁，判時561号82頁，判タ237号253頁）

このような意味において勾留原因事実以外の犯罪事実を考察の資料とす

ることは，その事実についての勾留状の発付の有無，さらには起訴の有無を問わず，保釈が適当であるかどうかという裁量保釈の判断の性質から当然に要請されるところであり，また，これを禁ずべき理由は存在しないのである。（判例解説昭和44年度275頁）

イ　受訴裁判所による裁量保釈

【判例(65)】女児に対する強制わいせつ罪で起訴された被告人が，追起訴事件を含めて事実をすべて認め検察官請求証拠についても同意をしていること，被告人の両親らが被告人の身柄を引き受け，公判期日への出頭確保および日常生活の監督を誓約していること，被告人は釈放後は本件犯行場所から離れた父親の単身赴任先に母親と共に転居し，両親と同居して生活する予定であること，現在勾留先で受けている臨床心理士のカウンセリングを保釈後も継続する意向であること，前科前歴がないこと等の事情に照らして，保釈請求を却下した原決定は刑訴法90条の解釈適用を誤っている。（最3小決平24・10・26裁判集刑308号481頁）

最高裁として新たな法律判断が示された事案ではないが，抗告審の保釈請求却下の判断を取り消した次の事案がある。

【判例(66)】本件事案の性質や証拠関係，併合事件を含む審理経過，被告人の身上等に照らすと，保証金額を合計1500万円とし，本件及び併合事件の被害者らとの接触禁止などの条件を付した上で被告人の保釈を許可した原々決定は，その裁量の範囲を逸脱したものとはいえず，不当ともいえないから，これを取り消して保釈請求を却下した原決定には，刑訴法90条の解釈適用を誤った違法がある。（最3小決平26・3・25裁判集刑313号319頁，判時2221号129頁，判タ1401号165頁）

ウ　抗告審の審査の範囲

保釈許可決定に対して，抗告裁判所は，同決定が違法であるかかどうかにとどまらず，それが不当であるかどうかをも審査できる。（最1小決昭29・7・7刑集8巻7号1065頁，判タ42号30頁）

エ　抗告審の審査の方法

抗告裁判所の審査において，保釈許可決定が不当であるというのは，受訴裁判所の判断が委ねられた裁量の範囲を逸脱して不合理である場合をいう。

【判例(67)】受訴裁判所によってされた刑訴法90条による保釈の判断に対して，抗告審としては，受訴裁判所の判断が委ねられた裁量の範囲を逸脱していないかどうか，すなわち，不合理でないかどうかを審査すべきであり，受訴裁

判所の判断を覆す場合には，その判断が不合理であることを具体的に示す
必要がある。公判審理の経過及び罪証隠滅のおそれの程度を勘案して被告
人の保釈を許可した原々審の判断が不合理であることを具体的に示さない
まま，不合理とはいえない原々決定を裁量の範囲を超えたものとして取り
消して保釈請求を却下した原決定は，刑訴法90条，426条の解釈適用を誤っ
た違法があり，取消しを免れない。（最 1 小決平26・11・18刑集68巻 9 号
1020頁，判時2245号124頁，判タ1409号123頁）

　　ここにいう不当との意味については，受訴裁判所の裁量の範囲内にとど
まる判断について抗告審の心証と異なる場合（すなわち，抗告審が受訴裁
判所の立場であれば裁量保釈しないという場合）をいうと解するのは相当
ではなく，受訴裁判所の判断が委ねられた裁量の範囲を逸脱して不合理で
ある場合をいうものと解される。（判例解説平成26年度318頁）

　　本決定は，判文から明らかなとおり，受訴裁判所による裁量保釈の判断
に関して判示したものであって，第 1 回公判期日までの裁判官による保釈
の判断については，その射程は及んでいないものと解される。保釈の判断
は，最終的な有罪，無罪の判断の見通し，有罪である場合の量刑判断の見
通しをも踏まえたものになると考えられるから，現に審理を担当し，証拠
調べ等を通じて心証を形成している受訴裁判所の裁量の範囲と，具体的な
審理が全く始まっていない段階で，予断排除の要請から受訴裁判所に代
わって判断するにすぎない裁判官の裁量の範囲には，違いがあると考えら
れる。（同解説324頁）

　　次の決定は，第一小法廷（判例㉇）に続き，第三小法廷も同様の判断枠
組みにより判断することを示した事例判例である。

【判例㉘】受訴裁判所が強制わいせつ事件で検察官立証の中核となる被害者の証人
　　尋問の終了後に被告人側証人との通謀など被告人による罪証隠滅行為の可
　　能性，実効性の程度を具体的に考慮し被告人による罪証隠滅のおそれは高
　　度といえないとし，保釈の必要性，前科がないこと，逃亡のおそれが高く
　　ないことなども勘案して裁量保釈を許可した判断について，抗告審が不合
　　理であることを具体的に示さず取り消すことはできない。（最 3 小決平
　　27・ 4 ・15裁判集刑316号143頁，判時2260号129頁，判タ1414号152頁）

　⑶　義務的保釈

　勾留による拘禁が不当に長くなつたときは，裁判所は，第88条〔保釈の請求〕に規定する者の請求により，又は職権で，決定を以て勾留を取り消し，又は保釈を許さなければならない。　　　　　　　　　　　　　　　　　（法91条1項）

　第82条第3項〔保釈等による請求の失効〕の規定は，前項の請求についてこれを準用する。　　　　　　　　　　　　　　　　　　　　　　　（同条2項）

【判例⑱】刑訴法91条1項にいう不当に長い勾留というのは，単なる時間的な観念ではなく，事案の性質，態様，審判の難易，被告人の健康状態その他諸般の状況から，総合的に判断さるべき相対的観念である。（名古屋高決昭34・4・30高刑集12巻4号456頁，判タ92号64頁）

【判例⑳】住居侵入，強制わいせつ被告事件で被害者証人尋問の期日がコロナウイルス感染に対する緊急非常事態宣言の影響で取り消されたことはやむを得ないもので，2月以上先に期日を入れることで調整中である状態は，勾留による拘禁が不当に長くなったとまではいえない。（東京高決令2・5・21高検速報集令和2年159頁）

5　検察官の意見の聴取

　裁判所は，保釈を許す決定又は保釈の請求を却下する決定をするには，検察官の意見を聴かなければならない。　　　　　　　　　　　　　（法92条1項）

　検察官の意見は，「保釈許可相当」「しかるべく」「不相当」などと記載される。裁判所は，検察官の意見に拘束されるものではなく，これを参考にし，独自の立場で判断する。

　公訴提起後第1回公判期日前に弁護人が申請した保釈請求に対する検察官の意見書の謄写を許可しなかった裁判官の処分が是認できないとされた事例がある。（最1小決平28・10・25裁判集刑320号463頁）

6　保証金額の決定

　保釈を許す場合には，保証金額を定めなければならない。　（法93条1項）

　保証金額は，犯罪の性質及び情状，証拠の証明力並びに被告人の性格及び資産を考慮して，被告人の出頭を保証するに足りる相当な金額でなければならない。　　　　　　　　　　　　　　　　　　　　　　　　　　（同条2項）

　保釈を許す場合には，被告人の住居を制限し，その他適当と認める条件を付することができる。　　　　　　　　　　　　　　　　　　　　（同条3項）

(1)　保釈の条件

　　　保釈を許す場合には，必要的条件として保証金額を定めなければならず，任意的条件として制限住居の指定その他の条件を附することができる。

(2)　保証金額の決定

　ア　保証金額の決定につき考慮する事項

　　　被告人の年齢，就労状況，住居の安定度，家族関係，身柄引受人等も考慮すべきである。

　　　共犯者や他事件との均衡も考える必要がある。

　イ　相当な金額

　　　相当な金額とは，任意的条件の設定と相まって，被告人の逃亡及び罪証隠滅を防止するのに必要かつ十分な金額をいう。

　ウ　勾留が2個以上ある場合

　　　保証金額については，各別に還付の必要を生ずる場合もあるから，保証金額は，勾留ごとに各別に定める必要がある。まず全体の保証金額を定め，それを割り振る形で各別の金額の決定を行っている。

(3)　その他の条件

　ア　制限住居の指定

　　　実務において，制限住居の指定は必ず行われている。

　　　「被告人は，東京都○○区○○町○丁目○番○号に居住しなければならない。」

　イ　旅行の制限

　　　被告人が制限住居を離れて旅行する場合に，旅行先，旅行期間等につき，あらかじめ裁判所の許可を求めさせるものである。

　　　「海外旅行又は○日以上の旅行をする場合には，前もって，裁判所に申し出て，許可を受けなければならない。」

　ウ　監督者の選任

　　　刑事訴訟法等の一部を改正する法律（令和5年法律第28号）により，保釈又は勾留執行停止をされた者に対する監督者制度が創設された。

　　　この規定の施行日は，公布の日から起算して1年以内である。(前記32頁)

　　裁判所は，保釈を許し，又は勾留の執行停止をする場合において，必要と認めるときは，適当と認める者を，その同意を得て監督者として選任することができる。　　　　　　　　　　　　　　　　　　　　　（法98条の4第1項）

　　裁判所は，前項の同意を得るに当たつては，あらかじめ，監督者として選任する者に対し，次項及び第4項に規定する監督者の責務並びに第98条の8第2

項，第98条の11及び第98の18第 3 項の規定による監督保証金の没取の制度を理解させるために必要な事項を説明しなければならない。　　　　（同第 2 項）

　監督者は，被告人の逃亡を防止し，及び公判期日への出頭を確保するために必要な監督をするものとする。　　　　　　　　　　　　　　（同第 3 項）

7　保釈許可決定

　主文

　「被告人の保釈を許可する。」

　「保証金額は金150万円とする。」

　　勾留が 2 個の場合

　「保証金額は(1)につき金100万円，(2)につき金100万円とする。」

8　保証金の納付

(1)　保釈許可決定の執行

　保釈を許す決定は，保証金の納付があつた後でなければ，これを執行することができない。　　　　　　　　　　　　　　　　　　　　　　（法94条 1 項）

(2)　保証金の代納

　裁判所は，保釈請求者でない者に保証金を納めることを許すことができる。　　　　　　　　　　　　　　　　　　　　　　　　　　　（同条 2 項）

(3)　有価証券や保証書による代用

　裁判所は，有価証券又は裁判所の適当と認める被告人以外の者の差し出した保証書を以て保証金に代えることを許すことができる。　　　（同条 3 項）

【判例㉛】保釈保証金額合計500万円のうち300万円につき全国弁護士協同組合連合会理事長名義の保証書をもって保証金に代えることを許可した原決定を，被告人の出頭確保及び罪証隠滅行為の防止のための担保機能を著しく損なうとして取り消した事例。（東京高決平27・5・19高検速報集平成27年108頁，判時2298号142頁）

9　保釈請求却下決定

(1)　主文

　「本件保釈の請求を却下する。」

(2)　理由

　「被告人は下記〇〇に該当し，かつ，諸般の事情に照らして保釈の許可を

するのは相当と認められない。」

「被告人に対する○○被告事件について，令和○年○月○日弁護人から保釈の請求があったので，当裁判所は，検察官の意見を聴いた上，刑事訴訟法89条○号の場合に該当し，かつ，裁量で保釈することも相当でないと認めて，これを却下する。」

(3)　実刑判決宣告後

「被告人は，既に拘禁刑以上の刑に処する判決の宣告があった者であり，かつ，裁量による保釈も相当でないから，これを却下する。」

10　実刑判決後の保釈

(1)　実刑判決宣告後の保釈

保釈中の被告人について，拘禁刑以上の実刑の判決の宣告があった場合，保釈は，その効力が失われる（法343条1項）。この場合，法89条の権利保釈の規定は適用されない（法344条1項）ため，法90条の裁量保釈を許すかどうかを検討することになる。

(2)　拘禁刑以上の刑の宣告と保釈等の失効

拘禁刑以上の刑に処する判決の宣告があつたときは，保釈又は勾留の執行停止は，その効力を失う。　　　　　　　　　　　　　　　　（法343条1項）

前項の場合には，新たに保釈又は勾留の執行停止の決定がないときに限り，第98条及び第271条の8第5項（第312条の2第4項において準用する場合を含む。以下この項において同じ。）の規定を準用する。この場合において，第271条の8第5項中「第1項（」とあるのは，「第271条の8第1項（」と読み替えるものとする。　　　　　　　　　　　　　　　　　　　　　　（同条2項）

(3)　拘禁刑以上の刑の宣告後の権利保釈の不適用

拘禁刑以上の刑に処する判決の宣告があつた後は，第60条第2項ただし書及び第89条の規定は，これを適用しない。　　　　　　　　　　（法344条1項）

(4)　逃亡のおそれ

判決前の勾留は，被告人の公判廷への出頭確保（法60条1項1号，3号）と証拠隠滅の防止（2号）を目的としているが，実刑判決後の勾留は，刑の執行確保にその主たる目的があるとされている。実刑判決宣告後は，一般的には，被告人の逃亡のおそれが増加するものと考えられている。

【判例⑦】酒酔い運転罪による懲役3月の実刑判決宣告後の再保釈請求について，刑執行の確保を期すべき要請は極めて強くなっているとして，再保釈が認

められなかった事例。（大阪高決昭61・4・22判タ617号179頁）
(5)　実刑判決宣告後の裁量保釈の要件

　　刑事訴訟法等の一部を改正する法律（令和5年法律第28号）により，拘禁刑以上の刑に処する判決の宣告後における裁量保釈の要件が明確化された。

　　この規定の施行日は，令和5年6月6日である。（前記32頁）

　　拘禁刑以上の刑に処する判決の宣告があつた後は，第90条の規定による保釈を許すには，同条に規定する不利益その他の不利益の程度が著しく高い場合でなければならない。ただし，保釈された場合に被告人が逃亡するおそれの程度が高くないと認めるに足りる相当な理由があるときは，この限りでない。

（法344条2項）

第10　勾留取消

1　勾留取消の意義

　　勾留取消とは，勾留の理由ないし勾留の必要の消滅又は不当長期勾留を理由とする勾留の裁判の取消をいう。

　　勾留の理由又は勾留の必要がなくなつたときは，裁判所は，検察官，勾留されている被告人若しくはその弁護人，法定代理人，保佐人，配偶者，直系の親族若しくは兄弟姉妹の請求により，又は職権で，決定を以て勾留を取り消さなければならない。

（法87条1項）

2　勾留取消の請求

(1)　保釈中の場合

　　保釈中の被告人には，勾留取消の請求権はない。

【判例73】勾留されていた被告人について，保釈が許され，現実に身柄の拘束が解かれている場合は，改めて勾留取消を請求する刑事訴訟法上の権利は存在しない。（名古屋地決昭45・5・9判時633号105頁，判タ248号250頁）

(2)　起訴後

　　起訴前にされた勾留取消請求は，起訴後は法律上の利益が失われる。

【判例74】被疑者として勾留されていた者について起訴前にされた勾留取消請求は，当該勾留事実の公訴の提起後は，法律上の利益を欠き，不適法である。（東京地決昭63・6・22判タ670号272頁）

【判例75】有罪判決が確定した後，その基礎となった被告事件係属中の勾留につい

て取消しを求める趣旨の書面が裁判所に提出されても，裁判所は，これに対し何ら判断を示す必要はない。（最3小決平19・6・19裁判集刑291号817頁，判タ1247号135頁）

3　検察官の意見の聴取

勾留を取り消す決定をするには，検察官の意見を聴かなければならない。

> 検察官の請求による場合を除いて，勾留を取り消す決定をするときも，前項と同様である。但し，急速を要する場合は，この限りでない。（法92条2項）

4　勾留取消の裁判

主文「被告人に対する勾留を取り消す。」

第11　勾留執行停止

1　勾留執行停止の意義

勾留執行停止とは，勾留の裁判そのものの効力は消滅させないで，その執行力のみを停止させて被告人又は被疑者を釈放することである。

保釈が，保証金の納付を条件として勾留の執行を停止するのに対して，保証金の納付を条件としない点において，勾留執行停止は保釈と異なる。

2　勾留執行停止の条件

> 裁判所は，適当と認めるときは，決定で，勾留されている被告人を親族，保護団体その他の者に委託し，又は被告人の住居を制限して，勾留の執行を停止することができる。この場合においては，適当と認める条件を付することができる。（法95条1項）

勾留の執行停止をする場合には，親族，保護団体その他の者への委託又は住居の制限のいずれか1つを，その条件として付さなければならない。

(1)　委託による勾留執行停止

> 勾留されている被告人を親族，保護団体その他の者に委託して勾留の執行を停止するには，これらの者から何時でも召喚に応じ被告人を出頭させる旨の書面を差し出させなければならない。（規則90条）

その他の者について制限はない。個人でも団体でもよく，裁判所が適当と認める者であればよいとするのが通説である。

(2)　住居の制限による勾留執行停止

委託の方法によらない勾留執行停止の場合，必ず住居の制限を行われなけ

ればならない。

3　勾留執行停止の裁判

　　勾留の執行停止の裁判は，当事者に請求権はなく，裁判所の裁量により，職権で行われる。

(1)　勾留執行停止の申立ての性質

【判例⑯】勾留の執行停止は，裁判所が職権を以てなすものであり，被告人から裁判所に対し，それを請求する権利は訴訟法上認められてはいない。従って，勾留の執行停止の申請は，ただ裁判所の職権発動を促す意味を有するにすぎないから，裁判所は，必ずしも右申請について裁判する訴訟法上の義務はない。（最1小判昭24・2・17刑集3巻2号184頁）

【判例⑰】勾留執行停止の申立につき高等裁判所がとった「職権発動せず」との措置は，不服申立の対象たる裁判には当たらないから，右措置に対し不服申立をすることは許されず，特別抗告は不適法である。（最2小決昭61・9・25裁判集刑243号821頁）

(2)　勾留執行停止の理由

　　勾留の執行停止は，保証金の納付が不可能というだけではこれを許可するわけにはいかず，親族等への委託又は住居制限等の条件のみで出頭ないし身柄の確保が確実に期待できるか，あるいは，たとえこの期待が裏切られることがあるとしても，なお勾留の効力を停止して釈放させることの切実な必要がある場合に，これを認めるべきであると説かれ，したがって，現実に勾留執行停止が適用される場面は，被告人の病気，肉親の葬祭，学生である被告人の年1回の国家試験等の場合に限られてくることになるであろう。（大コン刑訴第二版第2巻207頁）

【判例⑱】被告人が選挙に立候補したことによる選挙運動の必要性は，勾留執行停止の理由とは認め難い。（広島高決昭60・10・25高検速報集昭和60年326頁，判タ592号119頁）

【判例⑲】被告人を実弟の結婚式に出席させるため勾留の執行を停止することが適当であるとは認められない。（大阪高決昭60・11・22判時1185号167頁，判タ586号87頁）

(3)　勾留執行停止と検察官の意見

　　勾留の執行を停止するには，検察官の意見を聴かなければならない。但し，急速を要する場合は，この限りでない。　　　　　　　　　（規則88条）

第6章　鑑定留置状

第1　鑑定留置
1　鑑定留置の意義
　　鑑定留置は，被疑者の心神又は身体に関する鑑定のため必要があるときに，検察官，検察事務官又は司法警察員の請求により，裁判官が，病院その他の相当な場所に被疑者を留置する処分である。
(1)　鑑定留置

　被告人の心神又は身体に関する鑑定をさせるについて必要があるときは，裁判所は，期間を定め，病院その他の相当な場所に被告人を留置することができる。

　　　　　　　　　　　　　　　　　　　　　　　　　　　　　　　（法167条1項）

(2)　鑑定留置状の発付

　前項の留置は，鑑定留置状を発してこれをしなければならない。

　　　　　　　　　　　　　　　　　　　　　　　　　　　　　　　　（同条2項）

(3)　看守命令

　第1項の留置につき必要があるときは，裁判所は，被告人を収容すべき病院その他の場所の管理者の申出により，又は職権で，司法警察職員に被告人の看守を命ずることができる。　　　　　　　　　　　　　　　　　　　　（同条3項）

(4)　期間の延長，短縮

　裁判所は，必要があるときは，留置の期間を延長し又は短縮することができる。

　　　　　　　　　　　　　　　　　　　　　　　　　　　　　　　　（同条4項）

(5)　勾留に関する規定の準用

　勾留に関する規定は，この法律に特別の定のある場合を除いては，第1項の留置についてこれを準用する。但し，保釈に関する規定は，この限りでない。

　　　　　　　　　　　　　　　　　　　　　　　　　　　　　　　　（同条5項）

2　鑑定等の嘱託

> 検察官，検察事務官又は司法警察職員は，犯罪の捜査をするについて必要があるときは，被疑者以外の者の出頭を求め，これを取り調べ，又はこれに鑑定，通訳若しくは翻訳を嘱託することができる。　　　　　　（法223条1項）

3　鑑定留置の対象

鑑定留置は，被疑者及び被告人について認められる。その他の第三者，例えば証人等については，鑑定留置は認められない。

第2　鑑定留置の請求
1　鑑定留置の請求
(1)　捜査機関の請求

> 前条第1項の規定により鑑定を嘱託する場合において第167条第1項〔鑑定留置〕に規定する処分を必要とするときは，検察官，検察事務官又は司法警察員は，裁判官にその処分を請求しなければならない。　　　　（法224条1項）

(2)　鑑定留置状の発付

> 裁判官は，前項の請求を相当と認めるときは，第167条の場合に準じてその処分をしなければならない。この場合には，第167条の2〔鑑定留置と勾留の執行停止〕の規定を準用する。　　　　　　　　　　　　（同条2項）

2　鑑定留置請求書の記載要件
(1)　鑑定留置請求書の記載要件

> 鑑定のためにする被疑者の留置の請求書には，次に掲げる事項を記載しなければならない。
> 一　被疑者の氏名，年齢，職業及び住居
> 二　罪名及び被疑事実の要旨
> 三　請求者の官公職氏名
> 四　留置の場所
> 五　留置を必要とする期間
> 六　鑑定の目的
> 七　鑑定人の氏名及び職業
> 八　被疑者に弁護人があるときは，その氏名　　（規則158条の2第1項）

(2)　被疑者の氏名等が明らかでないとき

> 前項の場合には，第142条第2項及び第3項の規定を準用する。（同第2項）

第3 鑑定留置の要件

1 鑑定留置の要件

(1) 嫌疑の存在

鑑定留置の要件として，嫌疑の存在が必要であると解される。

【判例⑧】鑑定留置の要件としては，被疑者が罪を犯したことを疑うに足りる相当な理由が必要である。刑訴法224条2項の「請求を相当と認めるとき」とは，留置の必要性がある場合を指す。（東京地決昭42・8・5判タ209号198頁）

法60条1項各号に定める理由（住居不定，罪証隠滅又は逃亡のおそれ）は，不要である。また，同条3項に定める軽微な罪においても，住居不定という要件は不要である。

(2) 資料の提供

法60条1項本文の「罪を犯したことを疑うに足りる相当な理由」の存在を裏付ける資料，少なくとも構成要件に該当する違法な行為をしたことの相当な嫌疑を裏付ける資料の提供を要求することになると考えられる。実務においても，その資料として捜査記録を提供しているのが通例である。（逐条説明72頁）

2 鑑定留置の必要性

(1) 鑑定留置の必要性

鑑定留置の必要性は，鑑定のために継続的な処置や観察を必要とするときに認められる。実務では，精神鑑定の場合が多い。

(2) 検察官の護送指揮による方法

勾留中の被疑者又は被告人が病院へ赴く必要がある場合でも，簡易鑑定などのため数時間病院へ赴くだけでよい場合には，鑑定留置まではしないことが多い。

実務では，従前から，鑑定資料として数時間のテストをするため，病院等に留置する場合には，検察官が，被告人が収容されている刑事施設の長あてに護送指揮書を送付し，これを受けた刑事施設職員が，被告人を病院等の必要な場所に護送し，各種テスト等を了した後，勾留場所へ連れ戻すという扱いが行われてきた。（大コン刑訴第3巻300頁）

刑事収容施設法施行後も，勾留中の被告人について，鑑定留置によらず，

検察官の護送指揮に基づき，鑑定のため，病院に護送することが刑事施設業務の一端であると解する実務の取扱いには，変更がない（これに係る昭36・1・19矯正局長通知・資料165号65頁は，刑事収容施設法施行後も，変更又は廃止されていないようである）。検察官の護送指揮という簡略な手続によっても，特段の弊害があるとは考えられず，数時間，病院でテストを受ける場合と検証等に立ち会う場合との間で身柄を同行する手続にそれほどの差異を設ける必要があるとも思えない。したがって，勾留中の被告人につき，鑑定のため，数時間留め置いて各種テストを受けさせる必要がある場合であっても，鑑定留置状を発付することなく，検察官の護送指揮によるとする取扱いが許されるであろう。（同301頁）

3　鑑定留置質問

身柄不拘束の被告人を鑑定留置する場合には，**鑑定留置質問**及び弁護人選任権の告知を行う必要がある。

勾留中の被告人を鑑定留置する場合は，その勾留が同一事件に関するものである限り，既に勾留質問の段階で被告（被疑）事件の告知，これに関する陳述の聴取及び弁護人選任権の告知がなされているのであるから，改めて鑑定留置質問等を行う必要はないと解される。不要説が妥当であり，これが通説となっている。実務も不要説に従って運用されている。（同310頁）

第4　鑑定留置の期間

1　鑑定留置の期間

鑑定留置の期間については，勾留期間の更新に関する法60条2項の準用はなく，法律上の制限はない。

2　期間の定め方

実務では，鑑定留置の期間については，「何月何日から何月何日何時まで」というように，終期を特定の時刻で区切った定め方をするのが通例である。

これは，鑑定留置期間の満了によって，勾留の再執行のための収容手続をとる際に，深夜の午前零時に被疑者を収容する不便を避けるためである。

第5　鑑定留置状の発付

主文

「上記被疑事件について，鑑定のため被疑者を留置する。」

【書式例5】鑑定留置状

第7章　捜索差押許可状

第1　捜索差押えの意義

1　捜索

捜索とは，人の身体，物件又は住居その他の場所につき，物又は人の発見を目的とする処分である。

2　差押え

差押えとは，証拠物又は没収すべきものと思料する物の占有を強制的に取得する処分である。

> 検察官，検察事務官又は司法警察職員は，犯罪の捜査をするについて必要があるときは，裁判官の発する令状により，差押え，記録命令付差押え，捜索又は検証をすることができる。この場合において，身体の検査は，身体検査令状によらなければならない。　　　　　　　　　　　　　　　　　（法218条1項）

【判例㉛】憲法35条2項の趣旨は，捜索と押収とについて，各別の許可が記載されていれば足り，これを1通の令状に記載することを妨げない。（最大判昭27・3・19刑集6巻3号502頁，判タ19号66頁）

3　令状によらない捜索差押え

> 検察官，検察事務官又は司法警察職員は，第199条〔逮捕状による逮捕〕の規定により被疑者を逮捕する場合又は現行犯人を逮捕する場合において必要があるときは，左の処分をすることができる。第210条〔緊急逮捕〕の規定により被疑者を逮捕する場合において必要があるときも，同様である。
>
> 一　人の住居又は人の看守する邸宅，建造物若しくは船舶内に入り被疑者の捜索をすること。
>
> 二　逮捕の現場で差押，捜索又は検証をすること。　　　　（法220条1項）

(1)　法220条の趣旨

法220条は，通常逮捕，緊急逮捕及び現行犯人逮捕の場合に，令状によらない差押え，捜索，検証を認めたものである。

(2)　逮捕する場合

逮捕する場合においてとは，逮捕を行う際を意味し，逮捕との時間的接着を要するが，逮捕着手時の前後関係は問わない。

【判例㉜】他出不在の被疑者を帰宅次第緊急逮捕する態勢の下に捜索，差押えを先

に行っても，これと時間的に接着して逮捕がなされる限り，逮捕する場合に逮捕の現場でなされたといえる。（最大判昭36・6・7刑集15巻6号915頁，判時261号5頁，判タ119号22頁）

【判例㊸】　逮捕した被疑者の身体又は所持品の捜索，差押えについては，逮捕現場付近の状況に照らし，被疑者の名誉等を害し，被疑者らの抵抗による混乱を生じ，又は現場付近の交通を妨げるおそれがあるなどの事情のため，その場で直ちに捜索，差押えを実施することが適当でないときは，速やかに被疑者を捜索，差押えの実施に適する最寄りの場所まで連行した上でこれらの処分を実施することも，刑訴法220条1項2号にいう「逮捕の現場」における捜索，差押えと同視することができる。（最3小決平8・1・29刑集50巻1号1頁，判時1557号145頁，判タ901号145頁）

第2　捜索差押許可状の請求

> 第1項の令状は，検察官，検察事務官又は司法警察員の請求により，これを発する。　　　　　　　　　　　　　　　　　　　　　　（法218条4項）
>
> 差押え，記録命令付差押え，捜索又は検証のための令状の請求書には，次に掲げる事項を記載しなければならない。
>
> 一　差し押さえるべき物，記録させ若しくは印刷させるべき電磁的記録及びこれを記録させ若しくは印刷させるべき者又は捜索し若しくは検証すべき場所，身体若しくは物
>
> 二　請求者の官公職氏名
>
> 三　被疑者又は被告人の氏名（被疑者又は被告人が法人であるときは，その名称）
>
> 四　罪名及び犯罪事実の要旨
>
> 五　7日を超える有効期間を必要とするときは，その旨及び事由
>
> 六　法第218条第2項の場合には，差し押さえるべき電子計算機に電気通信回線で接続している記録媒体であつて，その電磁的記録を複写すべきものの範囲
>
> 七　日出前又は日没後に差押え，記録命令付差押え，捜索又は検証をする必要があるときは，その旨及び事由　　　　　　　　　　　　（規則155条1項）

1　嫌疑の程度

(1)　資料の提供

> 前条第１項の請求をするには，被疑者又は被告人が罪を犯したと思料されるべき資料を提供しなければならない。　（規則156条１項）

(2)　嫌疑の程度

捜索差押許可状を発付するために必要な犯罪の嫌疑については，いわゆる疎明で足りると解されているが，その程度については，逮捕に関する法199条が「罪を犯したことを疑うに足りる相当な理由」と規定しているのに対し，規則156条１項が「罪を犯したと思料される」と表現を異にして規定していること，一般的には捜索，差押等の方が逮捕よりも法益侵害の程度が低いものと考えられること，実際にも，捜索，差押は逮捕に先行して行われ，その結果得られた証拠が逮捕の疎明資料となることが多いことなどから，逮捕の場合よりも低いもので足りると解される。（規則逐条63頁）

【判例(84)】捜索差押許可状を発付するに際し要求される犯罪の嫌疑の程度は，逮捕状の発付に際し要求されるそれに比し，低くて足りると解するのが相当である。（京都地決昭47・12・27刑事月報４巻12号2040頁）

２　差し押さえるべき物の特定

差し押さえるべき物はできる限り個別的・具体的に記載しなければならない。

やむを得ず概括的に記載する場合であっても，個別的・具体的に差し押さえるべき物を記載した上で，最後に概括的な記載をすべきである。

実務では，犯罪事実を示すことによって概括的な記載が特定の物件を示すものであることを明らかにする方法も行われている。

【判例(85)】差押物件として「会議議事録，闘争日誌，指令，通達類，連絡文書，報告書，メモその他本件に関係ありと思料せられる一切の文書及び物件」との記載は，捜索差押許可状の差押物件の明示に欠けることはない。（最大決昭33・７・29刑集12巻12号2776頁，判時156号６頁）

【判例(86)】恐喝被疑事件において発付された捜索差押許可状に差押えの目的物として，「本件に関係ある暴力団を標章する状，バッチ，メモ等」と記載されている場合，暴力団員らによる常習的な賭博場開帳の模様を記録したメモを差し押さえても，暴力団に関連のある被疑者らによりその事実を背景として行われた事件であること，右メモにより被疑者と暴力団員との関連を知りうること，暴力団の組織内容と性格を知りうることなどの事情があるときは，右メモは，差押えの目的物に当たると解するのが相当である。（最１小判昭51・11・18裁判集刑202号379頁，判時837号104頁）

【判例㊆】爆発物取締罰則違反事件の捜索差押許可状に，差押えの目的物として
　　　「本件の思想的背景に関係ありと認められる書籍」と記載された部分は，
　　　無限定，概括的にすぎ，差押えの目的物を特定する表示として不十分であ
　　　り，違法である。（名古屋地決昭54・3・30判タ389号157頁）
　3　捜索すべき場所の特定等
　⑴　捜索すべき場所を特定する趣旨
　　　捜索すべき場所の特定が求められているのは，関係者の居住権を保障し，
　　捜索を受認すべき範囲を明らかにするためである。
【判例㊇】捜索または差押の令状に捜索または差押すべき場所を明示すべきこと
　　　は，憲法第35条によって要求されるところであるが，それが要求されるゆ
　　　えんは，人の場所に対する管理（住居）権を保障することにある。被処分
　　　者ないし住居主等は，令状に記載された捜索差押の場所を知ることによ
　　　り，捜査機関がその許可された場所以外において不法な執行をすることが
　　　ないよう監視することができるのである。（佐賀地決昭41・11・19下刑集
　　　8巻11号1489頁，判時470号64頁，判タ200号186頁）
　⑵　捜索すべき場所の特定の基準
　　ア　所番地による特定
　　　　捜索すべき場所は，通常は，行政区画上の所番地の表示や建物の名称で
　　　特定する。
【判例㊈】差押令状又は捜索令状における押収又は捜索すべき場所の表示は，合理
　　　的に解釈してその場所を特定しうる程度に記載することを必要とするとと
　　　もに，その程度の記載をすれば足りると解すべきである。（最3小決昭
　　　30・11・22刑集9巻12号2484頁，判タ56号58頁）
　　　　特定のために，所番地等に加えて図面や写真を利用することもある。
　　イ　単一の管理権
　　　　捜索場所に対する管理権が単一であることを要する。
【判例㊉】捜索差押令状における「捜索すべき場所の表示」としては単一の管理（居
　　　住）権が表示されておれば，それで充分である。（盛岡地決昭41・12・21
　　　判時478号80頁）
　⑶　弁護士等の押収拒絶権

> 　医師，歯科医師，助産師，看護師，弁護士（外国法事務弁護士を含む。），弁理士，公証人，宗教の職に在る者又はこれらの職に在つた者は，業務上委託を受けたため，保管し，又は所持する物で他人の秘密に関するものについては，押収を拒むことができる。但し，本人が承諾した場合，押収の拒絶が被告人のためのみにする権利の濫用と認められる場合（被告人が本人である場合を除く。）その他裁判所の規則で定める事由がある場合は，この限りでない。
>
> 　　　　　　　　　　　　　　　　　　　　　　　　　　　　（法105条）

【判例�91】弁護士である弁護人が被告人の委託を受けて保管している同人の犯行状況とされるものを撮影録画したデジタルビデオカセットについて，刑訴法105条の「他人の秘密に関するもの」に当たらないとされた事例。（最3小決平27・11・19刑集69巻7号797頁，判タ1428号44頁）

4　捜索差押えの必要性の審査

　裁判官は，**捜索差押えの必要性**についても審査権を有するとするのが，判例・通説である。

【判例�92】準抗告審は差押えの必要性の有無についても審査することができる。差押物が証拠物または没収すべき物であっても，犯罪の態様，軽重，差押物の証拠としての価値，重要性，差押物が隠滅毀損されるおそれの有無，被差押者の不利益の程度その他諸般の事情に照らし明らかに差押えの必要がないと認められるときにまで，差押えを是認する必要はない。（最3小決昭44・3・18刑集23巻3号153頁，判時548号22頁，判タ232号344頁）

　前記1(2)（110頁）の嫌疑の程度と同様に，捜索差押の必要性の程度についても，逮捕状の場合よりも低いもので足りると解されている。

5　情状証拠の収集

　差押えができる物は，当該犯罪事実に関するものに限られるが，直接証拠だけでなく，間接証拠や常習性，営利性，動機，背景等の情状に関する証拠であっても差押えができる。

【判例�93】情状の点にのみ関連のある証拠物が令状記載の物に含まれるか否かは当該犯罪の性質，態様及びある事実がその犯罪の情状としてもつ類型的な重要性などを考慮したうえで，かなり厳格に考える必要がある。（静岡地決昭42・3・27下刑集9巻3号377頁，判時480号74頁）

6　同一場所に対する再度の捜索差押え

　同一場所に対する再度の捜索差押えは，最初の捜索以降に，差し押さえるべき物の隠匿場所が新たに判明したとか，その場所に新たに証拠物が持ち込まれ

たなどの事情の変更が疎明された場合は，これを認めてよいであろう。

7　犯行後相当期間経過した後の捜索差押え

犯行から長時間が経過すると，当該犯罪事実にかかる証拠は既に存在しない可能性が高い。物的証拠は，人的証拠と比較して散逸しやすい（**証拠の散逸**）。これは，人為的に証拠の隠滅を図ることが，人的証拠よりも物的証拠の方が容易であることなどによる。

したがって，犯行後相当期間経過した後の捜索差押えについては，例えば覚醒剤事犯であれば，覚醒剤に対する親和性，常習性，営利性等の重要な証拠となるか等，犯罪事実との関連性について慎重に検討すべきである。

8　被告事件についての捜索差押え

(1)　第1回公判期日前

起訴後第1回公判期日前は，予断排除の原則（法256条6項）から，受訴裁判所による捜索差押えは許されない。したがって，証拠収集の必要が生じた場合は，捜査機関による捜索差押えを認める必要性がある。

【判例⑭】公訴提起後第1回公判期日以前までは（同期日以後は公判裁判所の強制処分を促すのが原則である。）捜査官において刑事訴訟法197条に基づき，適法に，裁判官の発する令状に基づいて捜索，差押等の強制処分をなし得ると解すべきである。（東京地八王子支決昭和44・5・9刑事月報1巻5号595頁）

(2)　第1回公判期日後

第1回公判期日終了後は，予断排除の原則の適用がなくなり，受訴裁判所も証拠調べを行うことができるようになる。

第1回公判期日後の捜索差押えについては，公判審理の進行に影響を及ぼす場合もあると考えられる。そのような場合には，警察官に対し，検察官を通じて受訴裁判所が捜索差押えを行う意向があるか否かを確認してもらうよう指示するのが相当であろう。

【判例⑮】被告事件について証拠調べ手続が開始された後に裁判官が発付した捜索差押許可状に基づき検察官が行った差押処分が是認された事例。（最2小決平14・12・17裁判集刑282号1041頁）

9　捜索差押許可状の発付

【書式例6】捜索差押許可状

(1)　捜索差押許可状の性質

捜索差押許可状の性質については，命令状か許可状かの争いがあるが，通説は許可状と解しており，実務上も許可状の名称を用いている。

　　　「被疑者に対する上記の被疑事件について，上記のとおり捜索及び差押え
　　をすることを許可する。」
　(2)　捜索差押許可状の方式
　　ア　捜索差押許可状等の方式

> 　前条の令状には，被疑者若しくは被告人の氏名，罪名，差し押さえるべき物，
> 記録させ若しくは印刷させるべき電磁的記録及びこれを記録させ若しくは印刷
> させるべき者，捜索すべき場所，身体若しくは物，検証すべき場所若しくは物
> 又は検査すべき身体及び身体の検査に関する条件，有効期間及びその期間経過
> 後は差押え，記録命令付差押え，捜索又は検証に着手することができず令状は
> これを返還しなければならない旨並びに発付の年月日その他裁判所の規則で定
> める事項を記載し，裁判官が，これに記名押印しなければならない。
> 　　　　　　　　　　　　　　　　　　　　　　　　　　　　（法219条1項）

　　イ　リモートアクセスによる複写の処分の場合

> 　前条第2項の場合には，同条の令状に，前項に規定する事項のほか，差し押
> さえるべき電子計算機に電気通信回線で接続している記録媒体であつて，その
> 電磁的記録を複写すべきものの範囲を記載しなければならない。（同条2項）

　　ウ　氏名不明のとき

> 　第64条第2項〔氏名不明のとき特定するに足りる事項の記載〕の規定は，前
> 条の令状についてこれを準用する。　　　　　　　　　　　　　　（同条3項）

　(3)　罰条の記載
　　　罰条を記載することは捜索差押許可状の要件ではない。
　　　「憲法35条は，捜索，押収については，その令状に，捜索する場所および
　　押収すべき物を明示することを要求しているにとどまり，その令状が正当な
　　理由に基づいて発せられたことを明示することまでは要求していないものと
　　解すべく，捜索差押許可状に被疑事件の罪名を，適用法条を示して記載する
　　ことは憲法の要求するところではない。」（最大決昭33・7・29刑集12巻12号
　　2776頁，判時156号6頁，前出判例�85）
　(4)　犯罪事実の記載の要否
　　　捜索差押許可状には，犯罪事実の記載が必要とされていない。
　　　これは，捜査段階において，犯罪事実を被疑者や第三者に明らかにするこ
　　とにより，捜査の秘密を害するおそれがあり，また，捜索差押えを受ける者

が第三者である場合には，犯罪事実を記載することにより，被疑者の名誉を害するおそれがあるためである（**捜査密行の原則**）。

> 検察官，検察事務官及び司法警察職員並びに弁護人その他職務上捜査に関係のある者は，被疑者その他の者の名誉を害しないように注意し，且つ，捜査の妨げとならないように注意しなければならない。　　　　　　　　（法196条）

(5)　捜索差押許可状請求書の利用

　　逮捕状を作成する場合は，逮捕状請求書及びその記載を利用して作成することができる旨の規定（規則145条，45頁）がある。

　　捜索差押許可状を作成する場合については，同旨の規定はないが，東京地方裁判所・東京簡易裁判所では，捜索差押許可状請求書及びその記載を利用して捜索差押許可状を作成していた時期もある。

(6)　捜索差押許可状の数通発付

　　逮捕状については，数通を発付することができる旨の規定（規則146条，47頁）がある。捜索差押許可状については、同旨の規定がない。

【判例96】捜索差押許可状に関しては，逮捕状の数通発付を可能としている刑事訴訟規則146条のような規定がないことからしても，法は，特定の場所に対する1回の捜索に際しては，捜索差押許可状は1通のみが発付されることを前提としていると考えられる。（東京高判平16・9・29東高刑時報55巻86頁）

　　捜索差押許可状については，上記のとおり，1通のみが発付されることが原則であるが，例えば捜索差押えをすべき船舶の寄港地が複数（横浜港又は神戸港）予想され遠隔に在る場合等特別な事情があるときは，例外的に数通の捜索差押許可状を発付することも考えられる。

10　夜間執行

> 日出前，日没後には，令状に夜間でも執行することができる旨の記載がなければ，差押状，記録命令付差押状又は捜索状の執行のため，人の住居又は人の看守する邸宅，建造物若しくは船舶内に入ることはできない。
> 　　　　　　　　　　　　　　　　　　　　　　　　　　　（法116条1項）

(1)　夜間執行の禁止

　　法116条の規定は，夜間における私生活の平穏を保護するために設けられた。

　　「日出」「日没」の意義については，暦を標準とするのが通説である。（大

コン刑訴第2巻431頁）

(2)　夜間執行を必要とする事由の記載

　　夜間執行を必要とする事由は，捜索場所の居住者が夜間のみ在宅すること
　が多いとか，差押の対象となる物件につき人為的な毀滅あるいは自然的な滅
　失等の可能性があるので直ちに捜索，差押しなければその目的を達しえない
　おそれがあるというように具体的に記載する必要がある。（規則逐条60頁）

(3)　夜間執行の許可

　　夜間執行の許可は，令状の欄外にその旨を記載して，裁判官が押印する。
　「この許可状は，日出前又は日没後でも執行することができる。裁判官（印)」

(4)　日没前に着手している場合

> 　日没前に差押状，記録命令付差押状又は捜索状の執行に着手したときは，日
> 没後でも，その処分を継続することができる。　　　　　　　　（同条2項）

(5)　夜間執行を許す場所

> 　次に掲げる場所で差押状，記録命令付差押状又は捜索状の執行をするについ
> ては，前条第1項に規定する制限によることを要しない。
> 一　賭博，富くじ又は風俗を害する行為に常用されるものと認められる場所
> 二　旅館，飲食店その他夜間でも公衆が出入りすることができる場所。ただ
> 　し，公開した時間内に限る。　　　　　　　　　　　　　　　（法117条）

第3　第三者に対する捜索差押え

1　第三者に対する捜索

> 　被告人以外の者の身体，物又は住居その他の場所については，押収すべき物
> の存在を認めるに足りる状況のある場合に限り，捜索をすることができる。
> 　　　　　　　　　　　　　　　　　　　　　　　　　　　（法102条2項）

　第三者に対する捜索差押えについては，差し押さえるべき物の存在を認める
に足りる状況があることが必要である。

　被疑者方と第三者方で捜索の要件を異にしているのは，被疑者の住居等にお
いては，差し押さえるべき物が存在する蓋然性が高いと推定されるから，捜査
の必要がある限り捜索をすることができるが（法102条1項)，被疑者以外の第
三者の住居等においては，そのような推定が働かないので，差し押さえるべき
物の存在を認めるに足りる状況があることを要件として，第三者の権利を保護

する必要があるからである。

【判例㊿】いわゆるよど号事件及びよど号事件犯人の妻による旅券法違反被疑事件
について，司法警察員の被疑者以外の第三者に対する捜索差押許可状の請
求及び執行並びに裁判官の同許可状の発付に，いずれも違法性がないとし
た事例。（東京地判平18・3・14判タ1236号162頁）

2　資料の提供

> 被疑者又は被告人以外の者の身体，物又は住居その他の場所についての捜索
> のための令状を請求するには，差し押さえるべき物の存在を認めるに足りる状
> 況があることを認めるべき資料を提供しなければならない。
>
> （規則156条3項）

3　押収物の還付

押収物の還付については，関係者（被押収者）に還付請求権を認めるのが判
例・通説である。

【判例㊿】捜査機関による押収処分を受けた者は，刑訴法222条1項において準用
する123条1項にいう「留置の必要がない」場合に当たることを理由とし
て，当該捜査機関に対して押収物の還付を請求することができる。（最1
小決平15・6・30刑集57巻6号893頁，判時1833号160頁，判タ1129号129頁）

第4　自動車に対する捜索差押え

自動車内に存在する物件を差し押さえる目的で自動車に対する捜索差押許可
状が請求された場合については，以下のとおりである。

1　公道上にある自動車

自動車が公道上にある場合は，自動車を捜索対象とする捜索差押許可状1通
を発付する。自動車の特定は，車名，形式，車両番号，車台番号等で行う。

自動車が私道上にある場合でも，公の通行に供されている私道であれば，立
入りについて包括的な承諾があるものとして，公道上にある場合と同様に扱っ
てよいと考えられる。

2　駐車場にある自動車

(1) 自動車の所有者と駐車場の管理権者が同一の場合

自動車の所有者と駐車場の管理権者が同一の場合は，その駐車場と自動車
を特定した捜索差押許可状1通を発付する。

「○○方に存在する同人所有の車両番号○○の自動車」

(2) 自動車の所有者と駐車場の管理権者が異なる場合

自動車の所有者と駐車場の管理権者が異なる場合は，（駐車場に立ち入るための）駐車場を捜索対象とする捜索許可状と，自動車を捜索対象とする捜索差押許可状の2通を発付する必要がある。

第5　捜索差押えの許容範囲

1　捜索の許容範囲

(1)　捜索場所に居合わせた者の身体

捜索差押許可状の執行の現場において，その場に居合わせた者の身体に対する捜索は，一定の限度においては認められる。

【判例99】差し押さえるべき物として「覚せい剤等」と記載されている捜索差押許可状の執行場所において，警察官が，覚せい剤らしき物を手にしているような言動を示しながら逃走しようとしている被疑者を実力で制止し，その指をこじあけて握りしめていたがま口の在中品を調べることは，捜索差押えの目的を達成するため許される。（東京高判平4・10・15高刑集45巻3号101頁，判タ808号232頁）

【判例100】捜索すべき場所を「甲方居室」とする捜索差押許可状の基づきその場に現在する者の着衣ないし身体を捜索することが適法であるとされた事例。
（東京高判平6・5・11高刑集47巻2号237頁，判タ861号299頁）

(2)　捜索場所に居住する者が携帯する物

場所に対する捜索差押許可状によって，捜索場所に居住する人がその場で携帯するボストンバッグという物に対しても，捜索することができる。

【判例101】甲の居住する場所に対する捜索差押許可状により，そこに同居する乙がその場で携帯していたボストンバッグについても，捜索をすることができる。（最1小決平6・9・8刑集48巻6号263頁，判時1516号162頁，判タ868号158頁）

(3)　被疑者あてに配達された荷物

被疑者方居室に対する捜索差押許可状により同居室を捜索中に被疑者あてに配達され同人が受領した荷物についても，同許可状に基づき捜索することができる。

【判例102】警察官が，被告人に対する覚せい剤取締法違反被疑事件につき，捜索場所を被告人方居室等，差し押さえるべき物を覚せい剤等とする捜索差押許可状に基づき，被告人立会いの下に上記居室を捜索中，宅配便の配達員によって被告人あてに配達され，被告人が受領した荷物について，警察官において，これを開封したところ，中から覚せい剤が発見されたため，被告

人を覚せい剤所持罪で現行犯逮捕し，逮捕の現場で上記覚せい剤を差し押さえた場合，警察官は，このような荷物についても上記許可状に基づき捜索できる。（最 1 小決平19・2・8 刑集61巻 1 号 1 頁，判時1980号161頁，判タ1250号85頁）

裁判官は，当該令状を審査発付する際，その有効期間内において捜索すべき場所に差し押さえるべき物が存在する蓋然性があるか否かを審査するものであるから，捜索実施中に他の場所から捜索すべき場所に持ち込まれ，被告人が所持・管理するに至った物についても当該令状で捜索を行うことは当然許され，住居権等の侵害の問題は生じないと解される。（判例解説平成19年度 6 頁）

令状呈示の趣旨は，令状の執行を受ける者に対して，裁判の内容を知らせる機会を与え，手続の明確性と公正を担保するとともに，裁判に対する不服の機会を与えることにある（最一小決平成14年10月 4 日刑集56巻 8 号507頁参照）。したがって，令状の呈示という行為自体に，呈示の時点に捜索すべき場所に存在するものに捜索差押え許可状の効力を限定するという機能は存在しない。（同解説 7 頁）

2　差押えの許容範囲
(1)　電気通信業者の顧客名簿

電気通信業者に対する顧客名簿等の差押えの場合，被疑者以外の利用者については，個人のプライバシー保護を考慮する必要があり，被疑事実との関連性及び差押えの必要性の検討が十分なされなければならない。

【判例⑩】インターネット接続会社（プロバイダ）は，本件被疑事実の被疑者ではない上，利用者のプライバシー保護が強く要請される電気通信業者であるから，本件会社に対する捜索差押えの適法性を判断するにあたっては，捜索差押えの必要性と並んで利用者のプライバシー保護を十分に考慮する必要がある。本件ホームページを開設した被疑者に関しては，本件被疑事実との関連性，差押えの必要性は明らかであるが，その余の会員に関するデータ（ホームページ開設希望者428名分）については，本件被疑事実との関連性を認めがたく，差押えの必要性は認められない。（東京地判平10・2・27判時1637号152頁）

(2)　電磁的記録の差押え

差し押さえるべき物が文書類である場合は，捜査官が捜索差押えの現場で内容を確認することができるから，被疑事実との関連性をその場で判断することができるが，電磁的記録の場合には，その内容を確認しなければ被疑事実との関連性を判断することが困難であるから，一定の場合には，内容を確

認せずに差し押さえることを許容し，速やかに内容を確認させて不要な物を還付させるという取扱いをせざるを得ない。

【判例⑭】令状により差し押さえようとするパソコン，フロッピーディスク等の中に被疑事実に関する情報が記録されている蓋然性が認められる場合において，そのような情報が実際に記録されているかを捜索差押えの現場で確認していたのでは記録された情報を損壊される危険があるときは，内容を確認せずに右パソコン，フロッピーディスク等を差し押さえることが許される。（最2小決平10・5・1刑集52巻4号275頁，判時1643号192頁，判タ976号146頁）

第6　捜索差押えと必要な処分

差押状，記録命令付差押状又は捜索状の執行については，錠をはずし，封を開き，その他必要な処分をすることができる。公判廷で差押え，記録命令付差押え又は捜索をする場合も，同様である。　　　　　　　　　　（法111条1項）

必要な処分とは，捜索差押えの目的を達するため合理的に必要な範囲内の処分を指す。

1　合鍵による入室

捜索差押許可状の呈示に先だって，捜査官が施錠されているドアを合鍵で開けて入室する措置も，一定の事情の下では許される。

【判例⑮】被疑者が宿泊しているホテル客室に対する捜索差押許可状の執行に当たり，捜索差押許可状の呈示に先立って警察官らがホテル客室のドアをマスターキーで開けて入室した措置は，差押対象物件である覚せい剤を短時間のうちに破棄隠匿されるおそれがあったことなど判示の事情の下では，適法である。（最1小決平14・10・4刑集56巻8号507頁，判時1802号158頁，判タ1107号203頁）

2　現場における写真撮影

捜索差押えの現場における写真撮影につき，捜索差押手続の適法性を担保するためその執行状況を写真に撮影すること及び差押物件の証拠価値を保存するため発見された場所，状態においてその物を写真に撮影することは，捜索差押えに付随する行為として許される。

【判例⑯】司法警察員が申立人方居室において捜索差押えをするに際して，捜索差押許可状記載の「差し押さえるべき物」に該当しない印鑑，ポケット・ティッシュペーパー等について写真を撮影した場合，右の写真撮影は，刑

訴法430条 2 項の準抗告の対象となる「押収に関する処分」には当たらないから，その撮影によって得られたネガ及び写真の廃棄又は申立人への引渡を求める準抗告は，不適法である。（最 2 小決平 2・6・27刑集44巻 4 号385頁，判時1354号160頁，判タ732号196頁）

3　携帯電話機による連絡の制限

捜索差押許可状や強制採尿令状の執行中に携帯電話機による外部の者への連絡を制限することは，各令状の目的を達成するために必要であり，かつ，その方法が社会的に相当なものであれば，刑訴法111条 1 項の必要な処分として認められる。

【判例⑩】「必要な処分」の具体的な内容については，警察比例の原則に照らしても，各令状の執行目的を達成するために必要であり，かつ，その方法も社会的に相当なものでなければならず，強制力を行使して被処分者に不利益を与える場合には，必要最小限度の方法によらなければならない。（福岡高判平24・5・16高検速報平24年242頁）

4　押収したフィルムの現像

押収した物の中に未現像のフィルムがあった場合，刑訴法111条 1 項の必要な処分として，そのフィルムを現像することができる。

【判例⑩】司法警察員は，犯人らが強姦の模様を撮影した写真を材料にして被害者から金品を取り上げた被疑事件につき，右撮影済のフィルムを証拠物として適法に押収した場合，刑訴法111条 1 項にいう「必要な処分」として右フィルムを現像することが許される。（東京高判昭45・10・21高刑集23巻 4 号749頁，判時620号94頁，判タ259号193頁）

第 7　強制採尿

1　強制採尿の要件

被疑者に対する**強制採尿**は，被疑事件の重大性，嫌疑の存在，当該証拠の重要性とその取得の必要性，適当な代替手段の不存在等の事情に照らし，犯罪の捜査上やむを得ないと認められる場合に許される。

【判例⑩】被疑者の体内から導尿管を用いて強制的に尿を採取することは，被疑事件の重大性，嫌疑の存在，当該証拠の重要性とその取得の必要性，適当な代替手段の不存在等の事情に照らし，犯罪の捜査上真にやむを得ないと認められる場合には，最終的手段として，適切な法律上の手続を経た上，被疑者の身体の安全と人格の保護のための十分な配慮の下に行うことができる。捜査機関が強制採尿を実施するには，捜索差押令状を必要とし，右令

状には，強制採尿は医師をして医学的に相当と認められる方法により行わせなければならない旨の条件の記載が不可欠である。（最1小決昭55・10・23刑集34巻5号300頁，判時980号17頁，判タ424号52頁）

【判例⑩】警察官が，被告人の自動車内にチャック付きビニール袋を確認した旨の疎明資料を作成して同車に対する捜索差押許可状及び強制採尿令状を請求して上記各令状の発付を受け，同車内から覚醒剤等の薬物を差し押さえ，被告人から尿の任意提出を受けたなどの本件の事実経過の下では，同薬物並びに同薬物及び被告人の尿に関する各鑑定書の証拠能力の判断に当たり，警察官が上記ビニール袋は同車内になかったのに上記疎明資料を作成して上記各令状を請求した事実の存否を確定せず，その存在を前提に上記各証拠の収集手続に重大な違法があるかどうかを判断しないまま，証拠能力が否定されないとした原判決は，法令の解釈適用を誤った違法がある。（最3小判令3・7・30刑集75巻7号930頁，判時2526号101頁，判タ1497号60頁）

【判例⑪】強制採尿を実施することが「犯罪の捜査上真にやむを得ない」場合とは認められないのにされた強制採尿令状の発付は違法であるが，本件の事情の下では，強制採尿手続の違法の程度はいまだ重大とはいえず，同手続により得られた尿の鑑定書等の証拠能力は肯定することができるとされた事例。（最1小判令4・4・28刑集76巻4号380頁，判時2561号171頁，判タ1507号63頁）

2　尿の提出拒否

被疑者が尿の提出を拒否していなくても，任意に尿の提出に応じる可能性がない場合には，強制採尿が許される場合がある。

【判例⑫】錯乱状態に陥り任意の尿の提出が期待できない状況にあった被疑者に対する強制採尿は，犯罪の捜査上真にやむを得ない場合に実施されたものであるから，違法ではない。（最2小決平3・7・16刑集45巻6号201頁，判時1396号157頁，判タ767号81頁）

3　強制採尿のために必要な令状

被疑者に対する強制採尿の法律的性質は，捜索差押えである。

強制採尿に関しては，最決昭55・10・23以来，実務はこの判例に従い，捜索すべき場所として「被疑者の身体」，差押えるべき物として「被疑者の尿」とそれぞれ記載し，かつ，「強制採尿は医師をして医学的に相当と認められる方法により行わせること」との条件を付した捜索差押令状によっており，令状請求書の記載もこれに対応するものになっている。（規則逐条61頁）

【書式例7】強制採尿令状（捜索差押許可状）

4　令状執行までの留め置き

警察官が強制採尿令状の請求手続に取りかかった後，被疑者を職務質問の現場に留め置いた措置の適法性が問題となる場合がある。

【判例⑬】警察官が覚せい剤の自己使用の嫌疑のある被疑者を職務質問の開始から強制採尿令状の提示まで約4時間にわたり職務質問の現場に留め置いた措置は，職務質問の開始から約40分間が経過した時点で強制採尿令状の請求手続に取りかかっていたことなどからすれば，違法，不当とはいえない。

（東京高判平22・11・8高刑集63巻3号4頁，判タ1374号248頁）

5　強制採尿令状に基づく強制連行

強制採尿令状の効力として，被疑者をその意思に反して採尿場所まで連行することができる。

【判例⑭】身柄を拘束されていない被疑者を採尿場所へ任意に同行することが事実上不可能であると認められる場合には，いわゆる強制採尿令状の効力として，採尿に適する最寄りの場所まで被疑者を連行でき，その際，必要最小限度の有形力を行使することができる。（最3小決平6・9・16刑集48巻6号420頁，判時1510号154頁，判タ862号267頁）

記載例

「捜索差押えに関する条件」欄に「強制採尿のために必要があるときは，被疑者を東京都豊島区池袋○丁目○番○号医療法人社団○○病院又は採尿に適する最寄りの場所まで連行することができる。」

6　夜間執行許可の要否

逮捕されている被疑者に対して，夜間に，捜索差押許可状に基づいて強制採尿を行う場合，夜間執行許可は不要である。

【判例⑮】逮捕され警察署に留置中の被疑者に対し，夜間執行許可のない捜索差押許可状に基づいて夜間に採尿が行われた場合，この採尿については，夜間における私生活の平穏を保護するために設けられた刑訴法116条1項の制約は受けないと解されるから，夜間に行われた本件の採尿手続に違法はない。（東京高判平10・6・25判タ992号281頁）

7　採取した尿の鑑定

調査結果によると，人が覚せい剤を摂取した場合，摂取量の55～69パーセントが1日目に，2日目には21～23パーセント，3日目には4～8パーセント，4日目には2～3パーセントが尿中に排泄され，4日間で88～96パーセントに上るが，覚せい剤常用者については，最大12日目まで覚せい剤が検出されたと

のことである。(「薬物鑑定の現状と問題点」警察学論集46巻11号169頁)

8　令状によらない採尿

令状によらない採尿でも，被疑者が自ら排泄した尿をそのまま採取しただけであれば，違法とされないこともある。

【判例⑯】酒酔い運転の罪の容疑により身柄を拘束されている被疑者が，呼気中のアルコール含有量の検査を拒否している場合に，自ら排尿を申し出た際，担当看守がアルコール含有量を測定する意図を秘して便器に放尿させこれを採取しても，違法ではない。(東京高判昭49・11・26高刑集27巻7号653頁，判時766号26頁)

第8　強制採血

1　強制採血の可否

令状により，被疑者の体内から強制的に血液を採取することは許される。

例えば，酒気帯び運転の罪等の事件において呼気検査を拒否された場合，血中アルコール濃度の測定結果の証拠としての重要性を考えると，**強制採血**をする必要が認められる。

2　令状の種類

実務では，鑑定処分許可状と身体検査令状の併用による方法が定着している。

これは，鑑定処分許可状のみでは，被疑者が強制採血を拒否した場合に直接強制ができないため，直接強制の可能な身体検査令状(第9章第1の1，140頁)を併用することによって，これに対処し得るようにするためである。

3　令状の記載事項

(1)　鑑定処分許可状

記載例

「検査すべき身体」欄に「被疑者の身体(血液)」

「身体の検査に関する条件」欄に「医学的に相当と認められる方法により，4ミリリットルを超えない量の血液を採取すること。」と各記載する。

鑑定人の記載例　「医療法人○○会○○クリニック医師○○○○」

「警視庁科学捜査研究所法医研究員○○○○」

【書式例8の1】強制採血令状(鑑定処分許可状)

(2)　身体検査令状

記載例

「検査すべき身体」欄に「被疑者の身体」

「身体の検査に関する条件」欄に「医師をして医学的に相当と認められる

方法により，4ミリリットルを超えない量の血液を採取するに必要な限度。」
と各記載する。

　　　【書式例8の2】強制採血令状（身体検査令状）

4　呼気検査拒否と強制採血

　　呼気検査拒否（道路交通法118条の2，67条3項）の罪を犯罪事実として強制採血令状を請求してきた場合，呼気検査拒否の罪（67条3項の規定による警察官の検査を拒んだ者）の立証のために血液検査は不要であるから，強制採血令状を発付することは相当ではない。

5　令状によらない採血

　　被疑者の承諾を得ず，かつ令状を得ることなく，注射器を使用して血液を採取することは許されない。

【判例⑰】失神状態にある被疑者の静脈から，注射器を使用して血液約5グラムを採取したことは，任意の承諾がない以上，令状主義に反し違法である。（仙台高判昭47・1・25刑事月報4巻1号14頁）

　　被疑者の体外に流出している血液を採取する場合は，身体への傷害を伴わないため，令状は不要である。

【判例⑱】失神して手術を受けている被疑者につき，出血を押えていたガーゼから少量の血液を採取しても，その採血は被疑者の身体に何らの傷害も苦痛も与えるものではないから，被疑者やその家族の同意を得ていなくても，適法である。（福岡高判昭50・3・11高検速報集1212号，刑事月報7巻3号143頁）

第9　毛髪の強制採取

1　毛髪鑑定

(1)　毛髪鑑定

　　薬物使用の証明方法としては，主に尿鑑定が行われている。しかしながら，尿の場合には薬物の検出可能な期間が10日前後（第7の7，123頁）と短いこともあり，数か月から数年の薬物使用が証明できる**毛髪鑑定**を行うために，毛髪の強制採取のための令状が請求されることがある。

(2)　毛髪の成長速度

　　毛髪の成長速度は，部位，人種，性別，年齢別に差はあるが，通常は，1日0.35ないし0.4ミリメートル（1か月1.05ないし1.2センチメートル）とされている。

(3)　毛髪鑑定の結果を事実認定に用いた事例

【判例⑲】被告人による覚せい剤の使用が1か月の範囲で推定されるとした頭髪鑑定の結果を，覚せい剤使用の事実の認定に用いた事例。（東京地判平4・11・30判時1452号151頁）

【判例⑳】人の頭髪が1か月に約1センチメートル伸びるとされ，かつ毛髪中の薬物の分布状態と薬物の摂取時期とに関連性があるとされていることから，被告人の毛髪鑑定の結果を，コカイン使用の事実を認定するための一つの証拠とした事例。（千葉地判平6・5・11判タ855号294頁）

2　強制採取の可否

毛髪の強制採取についても，強制採尿と同様に考えることができる。（第7の1，121頁）

3　毛髪鑑定の必要性

(1)　薬物使用歴の立証

尿鑑定の結果により，覚せい剤（薬物）の成分が検出されている場合には，覚せい剤使用の事実の直接証拠となるため，毛髪鑑定の必要性がないこともある。尿鑑定の結果が争われた場合には，覚せい剤使用の事実の間接証拠として用いるために，毛髪鑑定を行うことが考えられる。

毛髪鑑定は，幅のある期間内の薬物使用歴を概括的に知ることができる点では，一定の証明力がある。しかし，特定の使用事実を直接証明するものではなく，特定の使用事実に対しては，間接証拠にとどまるものである。

(2)　情状立証

覚せい剤使用歴を情状事実の立証のみに使う場合，多数の同種前科があったり，同種犯行を繰り返し行った旨の自白調書がある場合は，これに加えて毛髪鑑定を行う必要性は低いと考えられる。したがって，強制処分としての毛髪鑑定を行う必要性については，慎重に検討すべきである。

4　令状の種類

実務では，鑑定処分許可状と身体検査令状を併用する方法によっている。

5　令状の記載事項

(1)　鑑定処分許可状

記載例

「検査すべき身体」欄に「被疑者の身体（毛髪）」

「身体の検査に関する条件」欄に「毛髪の採取は，約50本を，頭部外貌に醜状を生じさせないように根本から切り取ること。」と各記載する。

【書式例9の1】毛髪の強制採取令状（鑑定処分許可状）

毛髪の本数については，毛髪鑑定のためには最低でも30本程度の毛髪が必

要とされており，鑑定の正確性を期することもあって，実務では30本又は50本で許可することが多い。

(2)　身体検査令状

記載例

「検査すべき身体」欄に「被疑者の身体」

「身体の検査に関する条件」欄に「毛髪の採取は，約50本を，頭部外貌に醜状を生じさせないように根本から切り取ること。」と各記載する。

【書式例 9 の 2】毛髪の強制採取令状（身体検査令状）

6　毛髪採取令状に基づく強制連行

強制採尿令状の場合（123頁）と同様に，「医師をして医学的に相当と認められる方法により行わせること」との条件が付されている場合には，毛髪の強制採取令状により，被疑者を最寄りの場所まで連行することは可能と考えられる。

第10　手や着衣から微物を採取する令状

1　令状の種類

被疑者などから，手や着衣に付着した繊維片や皮膚片，体液等の微物を採取する場合は，捜索差押許可状によっている。

2　令状の記載事項

(1)　「捜索すべき場所，身体又は物」の記載例

「被疑者の両手指，両手掌及び両手背部並びに着衣」

(2)　「差し押さえるべき物」の記載例

ア　「被疑者の両手指，両手掌及び両手背部に付着した繊維片，皮膚片及び体液等の微物」

イ　「被疑者の両手指，両手掌及び両手背部に付着した微物」

【書式例10】手や着衣から微物を採取する令状

3　微物の成分検査のための令状

捜索差押許可状によって採取した微物の成分検査をするためには，鑑定処分許可状は不要であると考えられる。

第11　コントロールド・デリバリー

1　コントロールド・デリバリーの意義

コントロールド・デリバリー（controlled delivery）とは，薬物や拳銃等の不正取引が行われる場合に，取締当局がその事情を知りながら，直ちに検挙せず，薬物等の運搬を監視，追跡して，その不正取引に関与する人物，組織を特

定する捜査手法である。監視付移転ともいう。

2　コントロールド・デリバリーの方法

(1)　ライブ・コントロールド・デリバリー（ＬＣＤ）

荷物等の中身である薬物等を抜き取らないまま運搬させ，監視する方法である。

(2)　クリーン・コントロールド・デリバリー（ＣＣＤ）

荷物等の中身である薬物等を抜き取った上，代わりに無害物を入れて運搬させ，監視する方法である。

3　コントロールド・デリバリーの令状

(1)　ライブ・コントロールド・デリバリーの場合

荷物に対する捜索差押許可状及び配送先における捜索差押許可状の請求がなされることが多い。

(2)　クリーン・コントロールド・デリバリーの場合

ア　中身の薬物等を抜き取る行為

強制処分であり，刑訴法218条又は関税法121条（後記164頁）による捜索差押許可状を必要とする。

イ　薬物等を抜き取った後に代替物を入れる行為

任意捜査であり，令状を必要としない。

【判例㉒】本邦に到着した航空貨物内から税関検査により輸入禁制品である大麻が発見されて国際的な協力の下に規制薬物に係る不正行為を助長する行為等の防止を図るための麻薬及び向精神薬取締法等の特例等に関する法律４条に基づきいわゆるコントロールド・デリバリーが実施された場合，配送業者が捜査機関から大麻の存在を知らされその監視下において貨物を保税地域から本邦に引き取ったときであっても，右貨物を発送した者らにつき関税法上の禁制品輸入罪の既遂が成立する。（最１小決平９・10・30刑集51巻９号816頁，判時1620号152頁，判タ955号154頁）

平成４年７月に施行された麻薬特例法の３条及び４条は，従来，出入国管理及び難民認定法，関税法，関税定率法に抵触するため，規制薬物の通関等を許可することができなかった点を捜査上の特例として改めたものであり，これにより我が国の関係法令上コントロールド・デリバリーの実施が可能になった。しかし，捜査方法としてみた場合には，コントロールド・デリバリーは，泳がせるとか，尾行するというような従来からの捜査方法の延長線上にあるにすぎず，麻薬特例法により特別な捜査方法が創設されたものではないとされており，コントロールド・デリバリーの際に行われ

る犯人に対する監視措置の根拠となる規定も特例法には存在しない。(判例解説平成 9 年度236頁)

(3)　配送先における捜索差押え

当該配送物に表示された配送先で捜索差押えを行う場合には,配送先における捜索差押許可状の請求がなされる。

「捜索すべき場所」欄に「東京都〇〇区〇〇町〇丁目〇番〇号〇〇ビル内航空貨物(運送状番号〇〇〇〇)を受領した者が使用する場所及び共用部分」

【書式例11】コントロールド・デリバリーの令状

(4)　転送先等における捜索差押え

ア　転送先

クリーン・コントロールド・デリバリーのほとんどを占める違法薬物の輸入事案では,配送物の転送依頼がなされることも多い。これに対応するために,追跡が継続されていることを前提として,転送先を捜索場所とする捜索差押許可状が発付されることがある。

イ　受領者

違法薬物の輸入事案では,追跡が継続されていることを前提として,配送物の一次受領者,一次受領者の搬入先,二次受領者(一次受領者から配送物を受け取った者),二次受領者の搬入先などを捜索場所とする捜索差押許可状が発付されることがある。

ウ　光センサーが発報した場所

クリーン・コントロールド・デリバリーにおいて,配送物の中身を入れ替える際に、光センサー付き発報装置を箱や封筒の内側に設置して,捜索場所を「配送物に設置された光センサーが発報した時に当該配送物が存在する場所」とする捜索差押許可状については,追跡が継続されていることを前提として,配送物の受領者が箱等を開披して光センサー付き発報装置が発報した時には捜索場所が特定されることになるので,捜索差押許可状を発付することができるとする考え方もある。

第12　電磁的記録の証拠収集方法

情報処理の高度化等に対処するための刑法等の一部を改正する法律(平成23年法律第74号)により,刑事訴訟法が改正され,電磁的記録の証拠収集方法として,記録命令付差押え,リモートアクセスによる複写の処分及び法110条の2による処分が整備された。

このうち,法110条の2による処分は,パソコン自体の差押えに代えて,パ

ソコン内のデータをＣＤ－Ｒ等に複写，移転又は紙に印刷して差し押さえるものである。差押えを執行する者が，現場において裁量で選択し得る執行方法に関する規定であるため，令状審査の対象となるものではない。

1　記録命令付差押え

> 裁判所は，必要があるときは，記録命令付差押え（電磁的記録を保管する者その他電磁的記録を利用する権限を有する者に命じて必要な電磁的記録を記録媒体に記録させ，又は印刷させた上，当該記録媒体を差し押さえることをいう。以下同じ。）をすることができる。　　　　　　　　（法99条の２）

(1)　記録命令付差押えの意義

　　記録命令付差押えは，サーバ保管者等に命じて，サーバ内にあるデータをＣＤ－Ｒ等の記録媒体に記録させ，又は紙に印刷させて，差し押さえるものである。

(2)　制度の趣旨

　　差し押えるべき物がサーバ等の大容量の記録媒体で，極めて多数の電磁的記録が保管されており，記録媒体自体を差し押さえると保管者の業務に著しい支障が生じるおそれがある場合等に，記録媒体自体を差し押さえることなく，サーバ保管者等をして，必要な電磁的記録を他の記録媒体に記録させた上，当該記録媒体を差し押さえることができるのが，記録命令付差押えの制度である。

(3)　記録命令付差押えの要件

　　記録命令付差押えの場合も，捜索，差押え，検証の場合と同様に，犯罪の嫌疑や関連性が要求されるほか，「犯罪の捜査をするについて必要がある」ことが要件となる。（法218条１項，前記108頁）

(4)　記録命令付差押許可状の記載（法219条１項，114頁）

　　「被疑者に対する○○被疑事件について，下記のとおり記録命令付差押えをすることを許可する。」

　　【書式例12の１】記録命令付差押許可状

ア　「電磁的記録を記録させ又は印刷させるべき者」

　　法人の管理する電磁的記録について記録命令付差押許可状を発付する場合は，電磁的記録の保管管理部部署の長１人を名宛人とするか，当該部署の長とその補助者らとを択一的に名宛人として発付する。

(ア)　名宛人が個人である場合

　　「株式会社○○代表取締役○○○○又はこれに代わるべき者」

　　　　　「株式会社○○総務部長○○○○又は同部所属の同社従業員」
　　　(イ)　名宛人が法人である場合
　　　　　「株式会社○○」
　　　　　「株式会社○○東京支店」
　イ　「記録させ又は印刷させるべき電磁的記録」
　　　記録命令の対象とする電磁的記録を記載する。通常は，特定の種類の電磁的記録について期間を区切った形で記載されることになるだろう。
　　(ア)　電子メールの通信履歴等の場合
　　　　　「令和○年○月○日から同月○日までの間にメールアドレス「abcde@fgh.ne.jp」によって送受信された電子メールの通信履歴（送受信の日時，送信元・送信先のメールアドレス），メール本文及び添付ファイル」
　　　　　（通信履歴に係る電磁的記録については，過去の特定の期間に行われた通信について発付すべきである。）
　　(イ)　Ｗｅｂサイトの更新履歴の場合
　　　　　「令和○年○月○日午前○時○○分から同日午後○時○○分までの間に，○○○○○○のＩＤによって http://www.abcdefg のオークションサイトに接続した際の更新記録（更新日時，接続元ＩＰアドレス，接続元ホスト名，接続元ＩＤ）
　　(ウ)　電話の通話履歴の場合
　　　　　「令和○年○月○日から同月○日までの間における電話番号090－○○○○－○○○○番の携帯電話の通話履歴（通話日時，通話先）
2　リモートアクセスによる複写の処分

　差し押さえるべき物が電子計算機であるときは，当該電子計算機に電気通信回線で接続している記録媒体であつて，当該電子計算機で作成若しくは変更をした電磁的記録又は当該電子計算機で変更若しくは消去をすることができることとされている電磁的記録を保管するために使用されていると認めるに足りる状況にあるものから，その電磁的記録を当該電子計算機又は他の記録媒体に複写した上，当該電子計算機又は当該他の記録媒体を差し押さえることができる。
　　　　　　　　　　　　　　　　　　　　　　　　　　　　（法218条2項）

---

(1)　リモートアクセスによる複写の処分の意義
　ア　リモートアクセス
　　　リモートアクセス（remote access）とは，通信回線を通じて，遠隔地にあるコンピュータや，その他の装置にアクセスすることをいう。

イ　リモートアクセスによる複写の処分の意義

リモートアクセスによる複写の処分は，差押え対象のパソコン（従来からの差押え方法で差し押さえたパソコン）に接続しているサーバから被疑者が作成したデータ等を同パソコン又はＣＤ―Ｒ等に複写して差し押さえるものである。

(2)　制度の趣旨

法218条２項により，必要な電磁的記録が記録されている記録媒体（サーバ）を特定して差し押さえることが困難な場合等に，差し押さえた電子計算機（パソコン）とネットワークで接続して一体的に利用されている記録媒体（サーバ）からの複写をした上で，その記録媒体を差し押さえることができる。

電子計算機に対する差押えを行う場合に付加的に認められる処分である。

なお，受訴裁判所がリモートアクセスによる複写の処分を行う場合については，法99条２項に同様の規定がある。

(3)　対象となる記録媒体

リモートアクセスによる複写の処分の対象となる記録媒体としては，

ア　差押対象物たる電子計算機で作成したメールを保管するために使用されているメールサーバ

イ　差押対象物たる電子計算機で作成・変更した文書ファイルを保管するために使用されているリモートストレージサーバ

（strege，ハードディスクなどの記憶装置）

ウ　差押対象物たる電子計算機で作成・変更した文書ファイルを保管するために使用されている，社内ＬＡＮでアクセス可能なファイルサーバ

等がある。

(4)　リモートアクセスによる複写の処分の要件

リモートアクセスによる複写の処分の場合も，通常の差押許可状と同様に，犯罪の嫌疑や関連性が要求されるほか，「犯罪の捜査をするについて必要がある」ことが要件となる。（法218条１項，108頁）

リモートアクセスによる複写の処分（218条２項）は，電子計算機の差押えを行う場合に付加的に認められる処分であり，差押え後に行うことは想定されていない。

差押え済みの電子計算機について，電子計算機を検証対象とした検証許可状に基づき，リモートアクセスに相当する処分を行うことは許されない。

(5)　記録媒体が日本国外に所在する場合

　リモートアクセス先のメールサーバが外国に設置されている場合には，主
権侵害の問題があり，国際捜査共助等の方法によるべきである。

【判例⑫】適法に押収したノート型パソコンの内容を複製したパソコンについて得
　　た検証許可状によって，外国にあるメールサーバにアクセスしてメールの
　　送受信履歴と内容を保存することは，メールサーバの管理者等の第三者の
　　権利・利益を侵害する強制処分を必要な司法審査を経ずに行ったもので違
　　法であるとし，証拠を排除した事例。（東京高判平28・12・7高刑集69巻
　　2号5頁，判時2367号107頁）

【判例⑬】捜査機関が管理者らの承諾を得てアメリカに存在するサーバに保存され
　　たデータにアクセスし，大量のデータを内容を確認せずに包括的に押収し
　　た手続について，任意の承諾があったとは認められず違法ではあるもの
　　の，一部を除いて，令状主義の精神を没却するような重大な違法があった
　　とはいえない。（大阪高判平成30・9・11刑集75巻2号220頁）

【判例⑭】電磁的記録を保管した記録媒体がサイバー犯罪に関する条約の締約国に
　　所在し，同記録を開示する正当な権限を有する者の合法的かつ任意の同意
　　がある場合に，国際捜査共助によることなく同記録媒体へのリモートアク
　　セス及び同記録の複写を行うことは許される。（最2小決令3・2・1刑
　　集75巻2号123頁，判タ1494号47頁）

　締約国は，他の締約国の許可なしに，次のことを行うことができる。
a　公に利用可能な蔵置されたコンピュータ・データにアクセスすること（当
　該データが地理的に所在する場所のいかんを問わない。）。
b　自国の領域内にあるコンピュータ・システムを通じて，他の締約国に所在
　する蔵置されたコンピュータ・データにアクセスし又はこれを受領するこ
　と。ただし，コンピュータ・システムを通じて当該データを自国に開示する
　正当な権限を有する者の合法的なかつ任意の同意が得られる場合に限る。

　　　　　　　　　　　　　　　　　　　　（サイバー犯罪に関する条約32条）

---

(6)　差押許可状の記載（法219条2項，114頁）
　　【書式例12の2】リモートアクセスによる複写処分（捜索差押許可状）
　　　「差し押さえるべき電子計算機に電気通信回線で接続している記録媒体で
　　あって，その電磁的記録を複写すべきものの範囲」欄に，リモートアクセス
　　による複写処分の対象とする記録媒体の範囲を記載する。
　ア　電子メール（Webメールによるもの）の場合
　　　「Webメールサービスのサーバの記録領域であって，被疑者のアカウ

ントによりアクセス可能な記録領域」

イ　リモートストレージサービスの場合

　「リモートストレージサービスのサーバの記録領域であって，差し押さえるべきパーソナルコンピュータにインストールされているアプリケーションソフトに記録されているＩＤによりアクセス可能な記録領域」

ウ　ＬＡＮ接続の場合

　「差し押さえるべきパーソナルコンピュータにＬＡＮで接続しているファイルサーバの記録領域であって，被疑者のＩＤによりアクセスすることができ，かつ，上記パーソナルコンピュータで作成若しくは変更をした電子ファイル又は上記パーソナルコンピュータで変更若しくは消去することができることとされている電子ファイルを記録するために使用されている記録領域（営業課の職員がファイルを記録するために使用している領域に限る。）」

　なお，複写すべき記録領域を，当該パソコンに係るインターネット・ブラウザに記録されたＵＲＬやインターネットへのアクセス履歴から特定することは，バックドアからの不正なアクセスに係るものが含まれることから，相当でないとされている。

第8章　検証許可状

第1　検証

1　検証の意義

検証とは，五官の作用により，人の身体，物，場所の性質又は状況を実験，認識する強制処分である。

2　検証と実況見分

道路上その他第三者の権利を侵害するおそれのない場所や，相手方の承諾を得た場所における検証など，強制処分の性質を有しない場合は，令状による必要はなく，**実況見分**として行われる。

3　エックス線検査と検証

宅配便業者の運送過程下にある荷物について，荷送人や荷受人の承諾を得ずに，捜査機関が検証許可状によることなくエックス線検査を行うことは違法である。

【判例⑬】荷送人の依頼に基づき宅配便業者の運送過程下にある荷物について，捜査機関が，捜査目的を達成するため，荷送人や荷受人の承諾を得ずに，これに外部からエックス線を照射して内容物の射影を観察する行為は，検証としての性質を有する強制処分に当たり，検証許可状によることなくエックス線検査を行うことは違法である。（最3小決平21・9・28刑集63巻7号868頁，判時2099号160頁，判タ1336号72頁）

宅配便については，国土交通省が標準宅配便運送約款（平成2年運輸省告示第576号）を告示しているところ，同約款は，4条1項において，宅配便業者は，荷送人の同意と立会いの下で荷物を点検することができる旨規定し，6条2号において，荷送人が4条1項の規定による点検の同意を与えないときには，運送の引受けを拒絶することがある旨規定しており，荷物の引受け時には点検に対する同意を求めることができるものの，運送中の検査については何ら規定していない。このように，約款上，宅配便業者に運送途中の検査権限や荷送人らが検査に同意しない場合の運送拒絶権限は与えられておらず，宅配便業者の約款上の権限を利用して捜査機関が本件エックス線検査を行ったと構成することはできないと思われる。（判例解説平成21年度385頁）

但しこの点は，標準宅配便運送約款ではなく，各宅配便業者の実際の約款により判断すべきである。

第 2 　検証許可状の請求

　　搜索差押令状の請求（第 7 章第 2 ，109頁）参照

第 3 　検証許可状の発付

　　【書式例13】検証許可状

　　搜索差押令状の発付（第 7 章第 2 の 9 ，113頁）参照

第 4 　検証許可状の有効期間

　　検証許可状の有効期間は，他の令状と同じく原則として 7 日間である（規則300条）。この期間内に検証に着手すれば，その検証を期間経過後も継続することが許される。

第 5 　夜間執行

　　搜索差押令状の夜間執行（第 7 章第 2 の10，115頁）参照

第 6 　携帯電話端末のＧＰＳ機能を用いた位置探索

　　ＧＰＳ（global positioning system　全地球測位システム）は，複数の人工衛星からの電波照射の到達時間に基づき，ＧＰＳ端末の地球上の現在位置を計測する仕組みである。

1 　基地局情報による位置探索との違い

(1)　基地局情報を用いた位置探索

　　携帯電話の基地局情報を用いた位置探索では，基地局の密集度合いにより異なるが，位置が特定される範囲は，数百メートルから数キロメートルの半径の扇形の範囲である。

(2)　ＧＰＳ機能を用いた位置探索

　　ＧＰＳ機能を用いた位置探索では，特定範囲の誤差は，数十メートルから数百メートルとされている。

2 　総務省ガイドラインの規定

　　個人情報の保護に関する法律（平成15年法律第57号）第 6 条及び第 9 条の規定に基づき，「電気通信事業における個人情報等の保護に関するガイドライン」（令和 4 年 3 月31日総務省告示第 4 号，最終改正令和 5 年 5 月18日総務省告示第 5 号）において，位置情報に関する41条が規定されている。

　　電気通信事業者は，あらかじめ利用者の同意を得ている場合，電気通信役務の提供に係る正当業務行為その他の違法性阻却事由がある場合に限り，位置情報（移動体端末を所持する者の位置を示す情報であって，発信者情報でないものをいう。以下同じ。）を取得することができる。　（ガイドライン41条1項）

　　電気通信事業者は，あらかじめ利用者の同意を得ている場合，裁判官の発付した令状に従う場合その他の違法性阻却事由がある場合に限り，位置情報について，他人への提供その他の利用をすることができる。　　　　　　　　（同条2項）

　　電気通信事業者が，位置情報を加入者若しくはその指示する者に通知するサービスを提供し，又は第三者に提供させる場合には，利用者の権利が不当に侵害されることを防止するため必要な措置を講ずることが適切である。

（同条3項）

　　電気通信事業者は，捜査機関からの要請により位置情報の取得を求められた場合においては，裁判官の発付した令状に従うときに限り，当該位置情報を取得することができる。　　　　　　　　　　　　　　　　（同条4項）

3　ＧＰＳ機能を用いた位置探索のための令状

　　次に述べる最高裁の【判例⑫】が出されるまで，実務の取扱いとしては，携帯電話事業者からの指令により，被疑者等の携帯電話にＧＰＳを利用して携帯電話自体の位置の探索をさせることになることから，①携帯電話事業者に対する検証許可状（携帯電話事業者に設置されたＧＰＳ位置情報取得システムのコンピュータ端末に対する検証許可状）及び②携帯電話端末に対する検証許可状の2通の令状が請求されることになっていた。

(1)　携帯電話事業者に対する検証許可状

　　「検証すべき場所又は物」等の記載は携帯電話会社ごとに異なる。

　ア　「検証すべき場所又は物」の記載例

　　携帯電話事業者に設置されたシステムのコンピュータ端末を記載する。

　　「東京都千代田区永田町○丁目○番○号株式会社○○に設置されたケータイお探しサービスの仕組みを利用してＧＰＳ位置情報を取得するための位置情報取得システムのコンピュータ端末」

　イ　「検証内容」の記載例

　　「上記記載の位置情報取得システムのコンピュータ端末を操作して，電話番号○○○○の携帯電話端末のＧＰＳ機能を作動させ，取得したＧＰＳ位置情報を同位置情報取得システムのコンピュータ端末に画面表示させて検証する。」

(2)　携帯電話端末に対する検証許可状

「検証すべき場所又は物」等の記載は携帯電話会社ごとに異なる。

【書式例14】ＧＰＳ機能を用いた位置探索のための令状

ア　「検証すべき場所又は物」の記載例

「電話番号090―○○○○―○○○○の携帯電話端末」

イ　「検証内容」の記載例

「上記携帯電話端末のＧＰＳ機能を作動させＧＰＳ位置情報を取得し，そのＧＰＳ位置情報を東京都千代田区永田町○丁目○番○号株式会社○○に設置されたケータイお探しサービスの仕組みを利用してＧＰＳ位置情報を取得するための位置情報取得システムのコンピュータ端末に送信させて検証する。」

4　最高裁大法廷の判断

最高裁大法廷は，ＧＰＳ捜査は，令状がなければ行うことができない強制の処分であり，検証では捉えきれない性質を有しているため，新たな立法によるべきとの判断を示した。

【判例⑫】車両に使用者らの承諾なく秘かにＧＰＳ端末を取り付けて位置情報を検索し把握する刑事手続上の捜査であるＧＰＳ捜査は，個人のプライバシーの侵害を可能とする機器をその所持品に秘かに装着することによって，合理的に推認される個人の意思に反してその私的領域に侵入する捜査手法であり，令状がなければ行うことができない強制の処分である。ＧＰＳ捜査について，刑訴法197条１項ただし書の「この法律に特別の定のある場合」に当たるとして同法が規定する令状を発付することには疑義がある。ＧＰＳ捜査が今後も広く用いられ得る有力な捜査手法であるとすれば，その性質に着目して憲法，刑訴法の諸原則に適合する立法的な措置が講じられることが望ましい。（最大判平29・3・15刑集71巻3号13頁，判時2333号4頁，判タ1437号78頁）

本判決には，裁判官全員一致の上記法廷意見に，次のような共同補足意見が付されている。

「今後立法が具体的に検討されることになったとしても，法制化されるまでには一定の時間を要することもあると推察されるところ，それまでの間，裁判官の審査を受けてＧＰＳ捜査を実施することが全く否定されるべきものではないと考える。もとより，これを認めるとしても，本来的に求められるべきところとは異なった令状によるものとなる以上，刑訴法１条の精神を踏まえたすぐれて高度の司法判断として是認できるような場合に限定されよう。したがって，ごく限られ

た極めて重大な犯罪の捜査のため，対象車両の使用者の行動の継続的，網羅的な把握が不可欠であるとの意味で，高度の必要性が要求される。」

第9章　身体検査令状

第1　身体検査
1　身体検査
(1)　身体検査の形式

　　身体検査には，**検証としての身体検査**（法218条1項）と**鑑定処分としての身体検査**（法168条1項，後記第10章，144頁）がある。

(2)　身体検査の直接強制

　　検証としての身体検査は，鑑定処分としての身体検査と異なり，間接強制によって目的を達成できないときには，直接強制が可能なところに特色がある（法139条，222条）。

　裁判所は，身体の検査を拒む者を過料に処し，又はこれに刑を科しても，その効果がないと認めるときは，そのまま，身体の検査を行うことができる。

（法139条）

2　身体検査上の注意

　身体の検査については，これを受ける者の性別，健康状態その他の事情を考慮した上，特にその方法に注意し，その者の名誉を害しないように注意しなければならない。　　　　　　　　　　　　　　　　　　　　　　　　　（法131条1項）

　女子の身体を検査する場合には，医師又は成年の女子をこれに立ち会わせなければならない。　　　　　　　　　　　　　　　　　　　　　　　　　（同条2項）

---

(1)　女子の身体検査と立会

　　女子の身体検査には，医師（男性であってもよい。）又は満20歳以上の女性が立ち会うことを要する。急速を要する場合にも例外は認められていない。
　　女性の司法警察職員が女性の身体検査を実施する場合，成年女子の立会は不要である。

【判例⑰】刑訴法115条が女性の身体に対する捜索に成年女子の立会を必要としたのは，その捜索が男性の警察官によって実施されることを想定したうえで，成年女子の立会によって捜索を受ける女性の羞恥心を解消軽減するとともに，警察官による性的侵害の危険ないし疑惑の発生を防止しようとする趣旨に基づくものであるから，本件のように婦人警察官だけで女性の身体捜索を実施する場合には，同条の適用はなく，成年女子の立会なしで

あっても違法ではない。（東京地決平2・4・10判タ725号243頁）
(2)　女子の任意の身体検査の禁止

> 女子の任意の身体検査は，行つてはならない。ただし，裸にしないときはこの限りでない。　　　　　　　　　　　　　　　　　　　　（犯罪捜査規範107条）

第2　身体検査令状の請求
1　令状による身体検査

> 身体の検査は，身体検査令状によらなければならない。
> 　　　　　　　　　　　　　　　　　　　　　　　　　（法218条1項後段）

　検証としての身体検査は，身体の自由を侵害するものである上，個人の名誉・尊厳にもかかわるので，身体検査令状については，特に厳重な要件が定められている。

2　身体検査令状請求書に記載しなければならない事項

> 　検察官，検察事務官又は司法警察員は，身体検査令状の請求をするには，身体の検査を必要とする理由及び身体の検査を受ける者の性別，健康状態その他裁判所の規則で定める事項を示さなければならない。　　　　（同条5項）
> 　身体検査令状の請求書には，前項に規定する事項のほか，法第218条第5項に規定する事項を記載しなければならない。　　　　（規則155条2項）

第3　身柄の拘束を受けている被疑者の身体検査

> 　身体の拘束を受けている被疑者の指紋若しくは足型を採取し，身長若しくは体重を測定し，又は写真を撮影するには，被疑者を裸にしない限り，第1項の令状によることを要しない。　　　　　　　　　　　　　（法218条3項）

　身体の拘束を受けている被疑者の指紋の採取等については，直接強制をすることが許される。

【判例⑱】刑訴法218条3項による指紋の採取等の性質は身体検査であるから，222条1項により，その拒否に対する直接強制に関する139条が準用されるから，間接強制では効果がないと認められるときは，必要最小限の有形力をもって直接強制をすることが許される。（東京地決昭59・6・22刑事月報16巻5〜6号504頁，判時1131号160頁）

第4　身体検査令状の発付

1　身体の検査に関する条件

> 裁判官は，身体の検査に関し，適当と認める条件を附することができる。
>
> （法218条6項）

身体の検査に関する条件とは，時期，場所，方法の指定をいう。

2　身体検査令状の記載要件

> 身体検査令状には，正当な理由がなく身体の検査を拒んだときは過料又は刑罰に処せられることがある旨をも記載しなければならない。　（規則157条）

「身体の検査を受ける者が正当な理由がなく身体の検査を拒んだときは，10万円以下の過料又は10万円以下の罰金若しくは拘留に処せられ，あるいは罰金と拘留を併科されることがある。」

「被疑者に対する上記の被疑事件について，上記の者の身体の検査を許可する。」

【書式例15の1】身体検査令状

第5　スマートフォンのロック解除

1　スマートフォン内の情報の確認

捜査機関が押収したスマートフォン内の情報を確認する行為は，押収物に関する必要な処分（法111条2項）として令状によらないで行うことができる。

2　スマートフォンのロック解除

押収したスマートフォンが指紋認証機能又は顔認証機能によりロックされている場合，解除するための令状としては身体検査令状を発付することになる。

(1)　指紋認証の場合

身体検査令状による。

(2)　顔認証の場合

身体検査令状による。

「検査すべき身体」欄に「被疑者の身体」

「身体の検査に関する条件」欄に「令和○年○月○日○○簡易裁判所裁判官の発付した令状により，被疑者から押収すべき携帯電話機，スマートフォン，タブレット型端末機器等の通信機器（以下当該情報端末機」という。）に搭載されたカメラシステムに，同人の顔面部を正対，注視させ，若しくは同人の左右十指に係る末節部指紋を当該情報端末機に搭載された指紋認証セ

ンサーに接触させること」

　スマートフォンが押収済みの場合

　「令和○年○月○日付け○○警察署司法警察員警部○○○○作成の捜索差押調書（甲）の押収品目録第 1 号物件であるスマートフォンに搭載されたカメラシステムに，被疑者の顔面部を正対，注視させること。」

【書式例15の 2 】身体検査令状（スマートフォンのロック解除）

第10章　鑑定処分許可状

第1　鑑定の意義

　　鑑定は，「裁判所が裁判上必要な実験則等に関する知識経験の不足を補充する目的で，その指示する事項につき，第三者をして新たに調査をなさしめて，法則そのものまたはこれを適用して得た具体的事実判断等を報告せしめるものである」（最1小判昭28・2・19刑集7巻2号305頁）。

第2　鑑定と強制処分
1　鑑定上必要な処分

> 　　鑑定人は，鑑定について必要がある場合には，裁判所の許可を受けて，人の住居若しくは人の看守する邸宅，建造物若しくは船舶内に入り，身体を検査し，死体を解剖し，墳墓を発掘し，又は物を破壊することができる。
>
> 　　　　　　　　　　　　　　　　　　　　　　　　　　　　　　（法168条1項）

　(1)　法168条の趣旨

　　　法168条は，鑑定人が鑑定のためにする事実行為のうち，裁判所の許可を要する処分について規定している。

　(2)　鑑定許可状と鑑定処分許可状

　　　法168条の許可状は，**鑑定許可状**と呼ばれる。

　　　捜査段階においては，裁判官の許可の請求は，鑑定受託者ではなく捜査機関から行い（法225条2項）その場合の許可状が，**鑑定処分許可状**である。

2　鑑定受託者と必要な処分
　(1)　鑑定受託者の処分

> 　　第223条第1項の規定による鑑定の嘱託を受けた者は，裁判官の許可を受けて，第168条第1項〔鑑定人の処分〕に規定する処分をすることができる。
>
> 　　　　　　　　　　　　　　　　　　　　　　　　　　　　　　（法225条1項）

　(2)　鑑定処分許可状の請求権者

> 　　前項の許可の請求は，検察官，検察事務官又は司法警察員からこれをしなければならない。　　　　　　　　　　　　　　　　　　　　　　　（同条2項）

　(3)　許可状の発付

> 裁判官は，前項の請求を相当と認めるときは，許可状を発しなければならない。
> (同条3項)

(4)　鑑定許可状の規定の準用

> 第168条第2項乃至第4項及び第6項の規定は，前項の許可状についてこれを準用する。
> (同条4項)

【書式例16の1】鑑定処分許可状

3　精神鑑定の場合

(1)　同意による検査

精神鑑定のために行う問診，知能テスト，心理テスト，飲酒検査等は，強制にはなじまないため，同意による検査が行われる。

(2)　簡易鑑定

精神鑑定の簡易鑑定において，医師により直接被疑者の身体に触れての触診検査や反射機能を検査するためにハンマーによる打診検査，ペンライト等の光を眼孔に当てての瞳孔検査等の物理的な処分がなされるにあたって，被疑者の同意が得られない場合には，鑑定処分許可状を発付することがある。

「検査すべき身体」欄に「被疑者の身体」

「身体の検査に関する条件」欄に「直接身体に触れての触診，打診及び瞳孔の反応を検査すること。」

【書式例16の2】鑑定処分許可状（簡易鑑定）

第3　鑑定処分許可状の請求

1　鑑定処分許可状の請求

(1)　請求書の記載要件

> 法第225条第1項の許可の請求書には，次に掲げる事項を記載しなければならない。
> 一　請求者の官公職氏名
> 二　被疑者又は被告人の氏名（被疑者又は被告人が法人であるときは，その名称）
> 三　罪名及び犯罪事実の要旨
> 四　鑑定人の氏名及び職業
> 五　鑑定人が立ち入るべき住居，邸宅，建造物若しくは船舶，検査すべき身体，

解剖すべき死体，発掘すべき墳墓又は破壊すべき物

六　許可状が 7 日を超える有効期間を必要とするときは，その旨及び事由

（規則159条 1 項）

前項の場合には，第155条第 3 項の規定を準用する。　　　（同条 2 項）

　(2)　住居等

　　　「住居，邸宅，建造物若しくは船舶」は例示であって，鑑定の対象たる人や物が存在する限り，汽車，電車，自動車等を排除するものではない。（規則逐条75頁）

　(3)　検査すべき身体

　　　「検査すべき身体」の記載は，例えば，アルコールの血中濃度の測定又は血液型の判定等のため血液を血管から採取する場合や被疑者が窃取した貴金属等を嚥下し，それらが胃内に存在するため，その身体内部をレントゲン透視や電波捜験器により検査する場合などのものである。（規則逐条75頁）

　(4)　破壊すべき物

　　　「破壊すべき物」の記載は，例えば，鑑定の準備的手段として住居内に立ち入るために入口の錠を壊したり，あるいはアンプル入りの注射液のアンプルを壊したりする場合，さらには鑑定処分そのものとして拳銃や爆発物の殺傷力等を鑑定するために対象物を分解しあるいは現実に爆発させる場合などのものであり，破壊すべき物は個別的に特定して記載されなければならない。（規則逐条75頁）

　(5)　請求書の記載

　　　「下記被疑者に対する○○被疑事件につき，鑑定を嘱託された次の者が，鑑定に必要な下記処分をすることの許可を請求する。」

　2　死体解剖の鑑定処分許可状の請求

　　　死体解剖の鑑定処分許可状の請求は，捜査の初期の段階でなされることが多いため，請求書の犯罪事実の要旨の記載も概括的，抽象的な内容に止まざるを得ない場合がある。

　　　疎明資料から被害者の死亡の事実及びその死亡が人の加害行為に因る可能性が認められるときは，鑑定処分許可状の発付を認めることになる。

第 4　死者を被疑者とする鑑定処分許可状

　1　鑑定処分許可状の発付の可否

　　　捜査の目的を，公訴の提起・遂行のための活動のみに限定して考える必要は

なく，また，捜査においては，被疑者の嫌疑を否定する方向に働く消極証拠を
収集すること（**白の捜査**）も重要であり，捜査機関が適正な事件処理を行うた
めに必要がある場合には，死者を被疑者とする鑑定処分許可状の発付も許され
ると考えられる。

2　被疑者の表示

　　上記のとおり，死者を被疑者として鑑定処分許可状を発付することができる
と考えられるが，令状発付の時点では被疑者が確定できない事案であれば，被
疑者不詳と表示することも考えられる。

第5　鑑定処分許可状の発付

> 　　裁判所は，前項の許可をするには，被告人の氏名，罪名及び立ち入るべき場
> 所，検査すべき身体，解剖すべき死体，発掘すべき墳墓又は破壊すべき物並び
> に鑑定人の氏名その他裁判所の規則で定める事項を記載した許可状を発して，
> これをしなければならない。　　　　　　　　　　　　　　　　（法168条2項）

1　鑑定処分許可状の記載

　　「被疑者に対する上記の被疑事件について，鑑定人が上記の処分をすること
を許可する。」

2　身体検査の条件

> 　　裁判所は，身体の検査に関し，適当と認める条件を附することができる。
> 　　　　　　　　　　　　　　　　　　　　　　　　　　　　　　（同条3項）

3　許可状の提示

> 　　鑑定人は，第1項の処分を受ける者に許可状を示さなければならない。
> 　　　　　　　　　　　　　　　　　　　　　　　　　　　　　　（同条4項）

4　鑑定人の変更

　　発付された鑑定処分許可状の鑑定人を変更するためには，その令状を返還し
て，新たな鑑定人の鑑定処分許可状を請求しなければならない。

第6　嚥下物の捜索差押え

1　捜索差押えの必要性

　　令状請求の審査においては，被疑事件の重大性，嫌疑の程度，排出に要する
時間等を考慮して，下剤・吐剤を用いて嚥下物を強制的に排泄させる処分の必

要性，相当性を慎重に判断しなければならない。

2　令状の種類

　　被疑者の体内に嚥下された違法薬物等の有無を確認するためにレントゲン照射を行い，嚥下物を押収するために下剤・吐剤を用いてこれを排泄させる処分をするためには，捜索差押許可状と鑑定処分許可状の併用によっているのが実務の多数である。（解釈運用〔捜〕159頁，別冊判タⅡ116頁）

3　令状の記載事項

(1)　捜索差押許可状

　　「捜索すべき身体」欄に「被疑者の体腔内」

　　「差し押さえるべき物」欄に「被疑者の体腔内の異物」

　　「捜索差押えに関する条件等」欄に「レントゲン検査機器又は下剤（吐剤）の使用による体腔内の検査及び異物の採取については，医師をして医学的に相当と認められる方法により行わせること。」

(2)　鑑定処分許可状

　　「検査すべき身体」欄に「被疑者の身体（体腔内）」

　　「身体の検査に関する条件」欄に「医学的に相当と認められる方法によりレントゲン検査機器や下剤（吐剤）を使用して体腔内の検査及び異物の採取を行うこと。」

　　【書式例16の３】鑑定処分許可状（嚥下物の捜索差押え）

【判例⑫】捜索差押許可状，鑑定処分許可状及び身体検査令状の発付を受け，被疑者の肛門から大腸内視鏡を挿入して，その体腔内からマイクロＳＤカードを採取し，差し押さえた捜査手続について，強制処分として許容できるかについての実質的な令状審査を欠き，高度の捜査上の必要性が認められないのに発付された令状によるもので，重大な違法があるとして，マイクロＳＤカードの証拠能力を否定した事例。（東京高判令３・10・29判タ1505号85頁）

第11章　行政手続に基づく令状

第1　国税通則法に基づく令状

1　国税に関する法律

(1)　国税に関する法律

国税に関する法律とは，国税の確定，納付，徴収及び還付等に関する事項を規定した法律をいう。

国税に関する法律は，通則法と個別税法に分けることができる。

ア　通則法

通則法は，租税法律関係に関する基本的な事項ないし各国税に共通の事項について定めている法律で，国税通則法及び国税徴収法がこれに属する。これらの法律は，通則法であるから，個別税法に特別の規定がない限り，すべての国税に適用される。

> この法律は，国税についての基本的な事項及び共通的な事項を定め，税法の体系的な構成を整備し，かつ，国税に関する法律関係を明確にするとともに，税務行政の公正な運営を図り，もつて国民の納税義務の適正かつ円滑な履行に資することを目的とする。　　　　　　　　　　　　（国税通則法1条）

イ　個別税法

個別税法は，所得税法，法人税法などのように，個別の国税に関する法律であって，個別の国税の課税要件に関する定め，通則法に対する特例の定め等を内容としている。

(2)　国税

> この法律において，次の各号に掲げる用語の意義は，当該各号に定めるところによる。
> 一　国税　国が課する税のうち関税，とん税，特別とん税，森林環境税及び特別法人事業税以外のものをいう。　　　　　　　　　　　　（2条1号）

国税には，所得税，法人税，地方法人税，相続税，贈与税，地価税，消費税，酒税，たばこ税，揮発油税，地方揮発油税，航空機燃料税，石油ガス税，石油石炭税，自動車重量税，電源開発促進税，登録免許税及び印紙税がある。

2　調査の種類

(1)　税務調査と犯則調査

　　ア　税務調査

　　　税務調査は，租税の公平確実な賦課徴収のため必要な資料を収集することを目的とした手続である。

【判例⑬】税務調査における質問検査権の制度は，刑事責任追及のための資料収集に直接結びつく手続で認められたものではなく，租税の公平確実な賦課徴収のために必要な資料を収集することを目的とする手続で認められたものであるから，憲法35条，38条の趣旨に反するものではない。（最大判昭47・11・22刑集26巻9号554頁〔川崎民商事件〕判時684号17頁，判タ285号141頁）

　　　国税庁，国税局又は税務署の職員は，国税通則法（74条の2〜74条の6）によって付与された質問検査権を行使して，任意調査として必要な資料を収集することができる。

　　　税務調査における質問検査権に関する規定は，所得税法，法人税法，相続税法等の個別税法に定められていたが，平成23年法律第114号（経済社会の構造の変化に対応した税制の構築を図るための所得税法等の一部を改正する法律，平成25年1月1日施行）により，国税通則法に集約して規定されることとなった。

　　イ　税務調査における質問検査権限等の解釈

> 　第74条の2から第74条の7まで（当該職員の質問検査権等）又は前条の規定による当該職員又は国税局長の権限は，犯罪捜査のために認められたものと解してはならない。
> 　　　　　　　　　　　　　　　　　　　　　　　　　　　　　　（74条の8）

　　　同趣旨の規定は，所得税法234条2項，法人税法156条及び相続税法60条4項等の各税法に定められていたが，前記アの法改正により削除され，国税通則法74条の8に集約して規定されることとなった。

　　ウ　犯則調査

　　　犯則調査は，当該職員（後記152頁）が租税法違反の犯則事実の有無，犯則者を確定するために，国税に関する犯則事件の証拠を収集する手続である。

　　　また，犯則調査は，当該職員の告発（後記160頁）によって検察官による捜査が開始されるため，刑事責任追及のための資料の取得収集に直接結びつく作用を一般的に有する手続である。

　　エ　税務調査から犯則調査への移行

　　　税務調査中に犯則事件が探知された場合，それが端緒になって当該職員

（収税官吏）による犯則調査に移行することは許される。

【判例⑬】法人税法156条は，税務調査中に犯則事件が探知された場合に，それが端緒となって収税官吏による犯則事件としての調査に移行することをも禁止する趣旨のものとは解されない。（最2小判昭51・7・9裁判集刑201号137頁）

質問検査権の行使に当たって，取得収集される証拠資料が後に犯則事件の証拠として利用されることが想定できたとしても，そのことによって直ちに，質問検査権が犯則調査あるいは捜査のための手段として行使されたことにはならない。

【判例⑬】法人税法（平成13年法律第129号による改正前のもの）153条ないし155条に規定する質問又は検査の権限行使に当たって，取得収集される証拠資料が後に犯則事件の証拠として利用されることが想定できたとしても，そのことによって直ちに，上記質問又は検査の権限が同法156条に反して犯則事件の調査あるいは捜査のための手段として行使されたことにはならない。（最2小決平16・1・20刑集58巻1号26頁，判時1849号133号，判タ1144号167号）

(2)　税務調査と犯則調査のまとめ

	税　務　調　査	犯　則　調　査
根拠法令	国税通則法第7章の2（国税の調査）（同法74条の2〜74条の13）	同法第11章（犯則事件の調査及び処分）（同法131条〜154条）
目　的	租税の公平確実な賦課徴収のため必要な資料を収集する	国税に関する犯則事件の証拠を収集する
性　質	純然たる行政手続	一種の行政手続であるが刑事手続に準ずる手続
調査権限	任意調査のみ 　質問検査権 　（74条の2〜74条の6）	任意調査 　質問，検査，領置等（131条） 強制調査 　臨検，捜索，差押え，記録命令付差押え（132条）
調　査 担 当 者	当該職員（国税通則法第7章の2に定められた当該職員の権限の行使を命じられた職員）	当該職員（同法第11章に定められた当該職員の権限の行使を命じられた職員）

3　犯則事件の調査

(1)　国税犯則取締法から国税通則法へ

国税に関する「犯則事件の調査及び処分」に関する手続は，国税犯則取締法（明治33年法律第67号）に規定されていたが，**国税通則法**（昭和37年法律第66号）第11章に編入されて（国税犯則取締法は廃止），平成30年4月1日から施行されている。

(2)　任意調査と強制調査

任意的な取調べによる調査を**任意調査**といい，臨検，捜索，差押え及び記録命令付差押えの強制処分による調査を**強制調査**という。

間接国税に関する犯則事件，間接国税以外の国税に関する犯則事件のいずれの調査においても，任意調査が原則となる。

国税通則法は，任意調査の方法として質問，検査，領置及び照会（131条）を，強制調査の方法として臨検，捜索，差押え及び記録命令付差押え（132条）をそれぞれ規定している。

国税通則法における強制調査は，対物的な強制処分であって，刑事訴訟法に規定されているような対人的な強制処分，すなわち，被疑者の自由に強制を加える逮捕，勾留，身体検査，鑑定留置等は，国税通則法においては認められていない。

(3)　任意調査

ア　質問，検査，領置

国税庁等の当該職員は，国税に関する犯則事件を調査するため必要があるときは，犯則嫌疑者若しくは参考人に対して出頭を求め，犯則嫌疑者等に対して質問し，犯則嫌疑者等が所持し，若しくは置き去つた物件を検査し，又は犯則嫌疑者等が任意に提出し，若しくは置き去つた物件を領置することができる。

（国税通則法131条1項）

(ア)　当該職員

当該職員とは，国税庁，国税局又は税務署の職員のうち，国税に関する犯則事件の調査及び処分を行う事務に従事している者をいう。

(イ)　犯則嫌疑者

犯則嫌疑者は，国税に関する犯則の嫌疑を受けて調査の対象となった自然人又は法人で，その犯則事件については，まだ犯則の心証を得るに至っていないもの又は法に規定する告発，通告処分及び通知処分を受けていないものをいう。

イ　照会

> 当該職員は，犯則事件の調査について，官公署又は公私の団体に照会して必要な事項の報告を求めることができる。　　　　　　　　　　（同条2項）

(4)　強制調査（臨検，捜索，差押え，記録命令付差押え）

　　強制調査の方法としては，臨検，捜索，差押え及び記録命令付差押えがある。

> 当該職員は，犯則事件を調査するため必要があるときは，その所属官署の所在地を管轄する地方裁判所又は簡易裁判所の裁判官があらかじめ発する許可状により，臨検，犯則嫌疑者等の身体，物件若しくは住居その他の場所の捜索，証拠物若しくは没収すべき物件と思料するものの差押え又は記録命令付差押えをすることができる。ただし，参考人の身体，物件又は住居その他の場所については，差し押さえるべき物件の存在を認めるに足りる状況のある場合に限り，捜索をすることができる。　　　　　　　　　　（132条1項）

ア　臨検

　　臨検は，犯則事件に関係のある帳簿，書類又は住居等について，その存在，性質，形状，現象その他の状態を五官の作用によって知覚実験し，認識をすることを目的とする強制処分である。

　　臨検は，刑事訴訟法における検証と，その目的及び性格を同じくする。

イ　捜索

　　捜索は，犯則嫌疑者等の身体，物件又は住居等について，犯則の事実を証明する証拠を発見することを目的とする強制処分である。

　　捜索は，刑事訴訟法における捜索と，その目的及び性格を同じくする。

ウ　差押え

　　差押えは，犯則嫌疑者等が所有等する証拠物又は没収すべき物件と思料されるものの占有を取得する強制処分である。

エ　記録命令付差押え

　　記録命令付差押えは，電磁的記録を保管する者等に命じて，必要な電磁的記録を記録媒体（CD－R等）に記録又は印刷させた上，その記録媒体を差し押さえる強制処分である。

オ　接続サーバ保管の自己作成データ等の差押え

> 　差し押さえるべき物件が電子計算機であるときは，当該電子計算機に電気通信回線で接続している記録媒体であつて，当該電子計算機で作成若しくは変更をした電磁的記録又は当該電子計算機で変更若しくは消去をすることができることとされている電磁的記録を保管するために使用されていると認めるに足りる状況にあるものから，その電磁的記録を当該電子計算機又は他の記録媒体に複写した上，当該電子計算機又は当該他の記録媒体を差し押さえることができる。　　　　　　　　　　　　　　　　　　　　　　　（同条2項）

カ　許可状を交付する裁判所の例外

> 　前2項の場合において，急速を要するときは，当該職員は，臨検すべき物件若しくは場所，捜索すべき身体，物件若しくは場所，差し押さえるべき物件又は電磁的記録を記録させ，若しくは印刷させるべき者の所在地を管轄する地方裁判所又は簡易裁判所の裁判官があらかじめ発する許可状により，前2項の処分をすることができる。　　　　　　　　　　　　　　　（同条3項）

4　犯則調査手続の性質

　国税通則法による国税犯則事件の調査手続の性質は，行政手続である。

(1)　犯則調査手続の性質

　国税通則法（旧国税犯則取締法）による国税犯則事件の調査手続の性質は，一種の行政手続であって，刑事手続ではない。

【判例⑬】国税犯則取締法2条により裁判官がする臨検，捜索または差押の許可は，裁判所または裁判官が訴訟の当事者に宛てて行う訴訟法上の通常の意義における裁判ではなく，職務上の独立を有する裁判官が，公正な立場において，収税官吏の請求に基づき，収税官吏が右の強制処分を実施することが適法であるかどうか等を事前に審査したうえ，これを是認するときは，許可状を交付することによってその強制処分を適法に行なうことを得しめるものであって，強制処分を受けるべき者に対して直接に効力を及ぼすものではない。このような行為については，不服申立に関する明文の規定がないかぎり，独立の不服申立を認めない趣旨と解すべきであり，したがって，刑訴法429条の準抗告の規定は準用されない。

　現行法制上，国税犯則取締法による国税犯則事件の調査手続の性質は，一種の行政手続であって，刑事手続（司法手続）ではない。同法2条により収税官吏がした差押処分に対する不服申立は，行政事件訴訟の方法によるべきであって，刑訴法430条の準抗告の規定は準用されない。（最大決昭

44・12・3刑集23巻12号1525頁，判時575号3頁，判タ241号279頁）

(2)　質問調査と供述拒否権

　憲法38条1項の規定による供述拒否権の保障は，国税通則法（旧国税犯則取締法）上の犯則嫌疑者に対する質問調査の手続にも及ぶ。

【判例⑭】国税犯則取締法は，収税官吏に対し，犯則事件の調査のため，犯則嫌疑者等に対する質問のほか，検査，領置，臨検，捜索又は差押等をすることを認めている。しかして，右調査手続は，国税の公平確実な賦課徴収という行政目的を実現するためのものであり，その性質は，一種の行政手続であって，刑事手続ではないと解されるが（最高裁昭和44年12月3日大法廷決定），その手続自体が捜査手続と類似し，これと共通するところがあるばかりでなく，右調査の対象となる犯則事件は，間接国税以外の国税については同法12条の2又は同法17条各所定の告発により被疑事件となって刑事手続に移行し，告発前の右調査手続において得られた質問顛末書等の資料も，右被疑事件についての捜査及び訴追の証拠資料として利用されることが予定されているのである。このような諸点にかんがみると，右調査手続は，実質的には租税犯の捜査としての機能を営むものであって，租税犯捜査の特殊性，技術性等から専門的知識経験を有する収税官吏に認められた特別の捜査手続としての性質を帯有するものと認められる。したがって，国税犯則取締法上の質問調査の手続は，犯則嫌疑者については，自己の刑事上の責任を問われるおそれのある事項についても供述を求めることになるもので，「実質上刑事責任追及のための資料の取得収集に直接結びつく作用を一般に有する」ものというべきであって，憲法38条1項の規定による供述拒否権の保障が及ぶ。しかし，同項は供述拒否権の告知を義務づけるものではない。（最3小判昭59・3・27刑集38巻5号2037頁，判時1117号8頁，判タ528号77頁）

(3)　臨検捜索差押許可状の発付の性質

　裁判官による臨検捜索差押許可状の発付は，取消訴訟の対象となる行政処分に当たらない。

【判例⑮】裁判官がした国税犯則取締法2条に基づく臨検捜索差押許可状の発付は，収税官吏に対して強制処分の実施を命ずるものではなく，強制処分を受けるべき者に対して直接に効力を及ぼす行政処分ではないから，取消訴訟の対象となる行政処分に当たらない。国税犯則取締法2条1項による強制調査は，犯則嫌疑者のみならず第三者に対しても許される。（東京地判昭58・7・20行例集34巻7号1206頁，判時1091号30頁）

5　許可状の請求

(1)　許可状の請求

　　所得税法違反，法人税法違反等の犯則事件について，国税庁，国税局又は税務署の当該職員から国税通則法132条に基づく臨検捜索差押許可状の請求がなされる。

(2)　資料の提供

> 当該職員は，第1項又は前項の許可状を請求する場合においては，犯則事件が存在すると認められる資料を提供しなければならない。　　　（132条4項）

　　国税通則法に基づく許可状の請求については，犯則事件に関し，投書，内偵，検査取締り等により得た犯則嫌疑を起こすに足りる資料を示さなければならない。

(3)　疎明の程度

　　特定の犯罪事実につき嫌疑が存在することを要件とし，かつ，当該犯罪に関する場所及び物についてのみ捜索差押えが許されるというのが憲法35条（前記30頁）の要請するところであり，この理は，国税通則法132条に基づく捜索差押えについても異なるところはない。

　　しかしながら，国税に関する犯則事件の調査という事柄の性質上，厳密な疎明資料を要求することが困難な場合もあり，内偵報告書等に信用性が認められれば，捜索差押許可状を発付しても差し支えないと考えられる。

6　許可状の記載

> 前項の規定による請求があつた場合においては，地方裁判所又は簡易裁判所の裁判官は，犯則嫌疑者の氏名（法人については，名称），罪名並びに臨検すべき物件若しくは場所，捜索すべき身体，物件若しくは場所，差し押さえるべき物件又は記録させ，若しくは印刷させるべき電磁的記録及びこれを記録させ，若しくは印刷させるべき者並びに請求者の官職氏名，有効期間，その期間経過後は執行に着手することができずこれを返還しなければならない旨，交付の年月日及び裁判所名を記載し，自己の記名押印した許可状を当該職員に交付しなければならない。　　　（132条5項）

　　「犯則嫌疑者に対する上記犯則嫌疑事件について，上記のとおり臨検，捜索及び差押えをすることを許可する。」

　　国税犯則取締法（2条4項）において必要とされていた犯則事実の記載は，国税通則法においては必要ではなくなった。

> 　第2項の場合においては，許可状に，前項に規定する事項のほか，差し押さえるべき電子計算機に電気通信回線で接続している記録媒体であつて，その電磁的記録を複写すべきものの範囲を記載しなければならない。　　（同条6項）

7　許可状の有効期間

　　国税通則法による国税犯則事件の調査手続は，前記4のとおり一種の行政手続であって，刑事手続ではないから，令状の有効期間に関する刑訴規則300条（前記42頁）の直接の適用はないが，実務では，同条の規定の趣旨に則って許可状発付の日から7日間の有効期間を定めて，許可状を発付している。

　　【書式例17の1】臨検捜索差押許可状（国税通則法）

8　許可状の執行

　(1)　許可状の提示

　　　国税通則法による臨検捜索差押許可状により，当該職員が許可状を執行する場合，処分を受ける者に対して許可状を提示する必要がある。

> 　臨検，捜索，差押え又は記録命令付差押えの許可状は，これらの処分を受ける者に提示しなければならない。　　　　　　　　　　　　　　　（139条）

　【判例⑬】国税犯則取締法2条による臨検捜索差押状に基づいて当該処分を執行するについては，刑訴法110条の趣旨を推及し，右許可状を処分を受ける者に示すべきである。（東京高判昭44・6・25高刑集22巻3号397頁，判時584号107頁，判タ239号219頁）

　(2)　所有者等の立会い

> 　当該職員は，人の住居又は人の看守する邸宅若しくは建造物その他の場所で臨検，捜索，差押え又は記録命令付差押えをするときは，その所有者若しくは管理者（これらの者の代表者，代理人その他これらの者に代わるべき者を含む。）又はこれらの者の使用人若しくは同居の親族で成年に達した者を立ち会わせなければならない。　　　　　　　　　　　　　　　　　　　　　　（142条1項）

　　当該職員は，人の住居等において臨検等をするときは，その住居の所有者等を立ち会わせなければならない。

　(3)　捜索差押えの範囲

　　　国税通則法に基づく捜索差押えについても，犯則事実との関連性がある物についてのみ捜索差押えが許される。

　【判例⑬】国税犯則取締法に基づいて犯則嫌疑者の取引金融機関において差し押さ

えた多数の帳簿書類等の中に相当の時間をかけて平穏な状況の下で差押物件の選別を行うことができたならば犯則事実との関連性ないし差押えの必要性がないという判断をすることが可能な物件が含まれていたとしても右差押えに違法がないとされた事例。（最2小判平9・3・28裁判集民182号855頁，判時1608号43頁，判タ946号119頁）

9　夜間執行の制限

(1)　夜間執行の制限

国税通則法に基づく臨検等の強制処分は，原則として，昼間に行われる。

夜間における私生活の平穏に対する侵害の重大性を考慮して，夜間における臨検等は制限されている（148条1項本文）。

> 臨検，捜索，差押え又は記録命令付差押えは，許可状に夜間でも執行することができる旨の記載がなければ，日没から日出までの間には，してはならない。ただし，第135条（現行犯事件の臨検，捜索又は差押え）の規定により処分をする場合及び消費税法第2条第1項第11号（定義）に規定する課税貨物に課される消費税その他の政令で定める国税について旅館，飲食店その他夜間でも公衆が出入りすることができる場所でその公開した時間内にこれらの処分をする場合は，この限りでない。　　　　　　　　　　　　　（148条1項）

夜間執行に関する規定は，国税犯則取締法においてはなかったが，国税通則法（平成30年4月1日施行）において新設された。

行政手続である犯則調査は昼間に行われるのが原則であり，条文上も「人の住居又は人の看守する邸宅，建造物若しくは船舶内（刑訴法116条1項）」のような限定がないことから，着衣，所持品及び車に対する臨検等についても夜間執行の許可に係らしめるべきであると考えられ，これらに対する夜間執行の許可の請求があれば，許可をすることになるだろう。

(2)　夜間執行制限の例外

許可状に夜間でも執行することができる旨の記載がある場合等には，日没後においても臨検等を開始することができる（1項ただし書，2項）。

(3)　日没前から開始している場合

> 日没前に開始した臨検，捜索，差押え又は記録命令付差押えは，必要があると認めるときは，日没後まで継続することができる。　　　　（同条2項）

10　臨検捜索差押許可状の瑕疵

【判例⑬】1通の許可状で臨検，捜索及び差押について各個の許可がなされた場

合，差押の許可に関する瑕疵は，臨検捜索の許可状の効力に何らの影響を及ぼすべきものではない。（最2小判昭28・3・13刑集7巻3号545頁）

11　鑑定処分

(1)　鑑定等の嘱託

当該職員は，犯則事件を調査するため必要があるときは，学識経験を有する者に領置物件，差押物件若しくは記録命令付差押物件についての鑑定を嘱託し，又は通訳若しくは翻訳を嘱託することができる。　　　　（147条1項）

(2)　鑑定受託者の処分

前項の規定による鑑定の嘱託を受けた者は，前項の当該職員の所属官署の所在地を管轄する地方裁判所又は簡易裁判所の裁判官の許可を受けて，当該鑑定に係る物件を破壊することができる。　　　　（同条2項）

(3)　鑑定処分許可状の請求

前項の許可の請求は，当該職員からこれをしなければならない。

　　　　（同条3項）

(4)　鑑定処分許可状の記載事項

前項の請求があつた場合において，裁判官は，当該請求を相当と認めるときは，犯則嫌疑者の氏名（法人については，名称），罪名，破壊すべき物件及び鑑定人の氏名並びに請求者の官職氏名，有効期間，その期間経過後は執行に着手することができずこれを返還しなければならない旨，交付の年月日及び裁判所名を記載し，自己の記名押印した許可状を当該職員に交付しなければならない。　　　　（同条4項）

12　犯則事件の処分

(1)　間接国税以外の国税（直接国税）と間接国税

犯則事件の処分については，**間接国税以外の国税**（直接国税等）に関する犯則事件と，**間接国税**（申告納税方式によるものに限る。）に関する犯則事件とで大きく異なる。

すなわち，間接国税以外の国税（直接国税等）に関する犯則事件では，刑事告発（155条）を目的としているのに対し，間接国税に関する犯則事件では，通告処分（157条1項）という行政処分による終結を原則としている。

(2)　間接国税以外の国税に関する犯則事件等についての告発

> 　当該職員は，次に掲げる犯則事件の調査により犯則があると思料するときは，検察官に告発しなければならない。
> 一　間接国税以外の国税に関する犯則事件
> 二　申告納税方式による間接国税に関する犯則事件（酒税法第55条第1項又は第3項（罰則）の罪その他の政令で定める罪に係る事件に限る。）（155条）

　　ア　当該職員の告発義務

　　　間接国税以外の国税（直接国税）の犯則調査においては，調査を終了して犯則があると思料するときは，当該職員は，告発の手続が義務づけられている。

　　　「思料するとき」については，当該職員の主観的な嫌疑では足りず，犯則事件の調査によって集取した証拠によって，犯則事件の存在と内容とを客観的に認定し得ることを要する。

　　　告発によって検察官の捜査が開始され，公訴提起がなされる。例外として，検事直告事件として最初から検察官が捜査を開始することもある。

　　イ　告発の性質

　　　間接国税以外の国税に関する犯則事件については，当該職員（収税官吏）の告発は訴訟条件ではない。

【判例⑬】間接国税の犯則についての告発は，公訴提起の訴訟条件と解するを相当とする。しかるに，間接国税以外の国税に関する犯則事件については，収税官吏の告発をもって公訴提起の訴訟条件と解することはできない。（最1小判昭28・9・24刑集7巻9号1825頁，判タ34号53頁）

【判例⑭】司法警察職員および検察官は，当該官吏の告発をまって論ずべき国税犯則事件につき，その告発前においても強制捜査をすることができる。（最3小決昭35・12・23刑集14巻14号2213頁，判時252号33頁）

　(3)　間接国税に関する犯則事件についての報告等

　　ア　当該職員による報告

> 　国税局又は税務署の当該職員は，間接国税に関する犯則事件（前条第2号に掲げる犯則事件を除く。以下同じ。）の調査を終えたときは，その調査の結果を所轄国税局長又は所轄税務署長に報告しなければならない。ただし，次の各号のいずれかに該当する場合においては，直ちに検察官に告発しなければならない。
> 一　犯則嫌疑者の居所が明らかでないとき。

> 二　犯則嫌疑者が逃走するおそれがあるとき。
> 三　証拠となると認められるものを隠滅するおそれがあるとき。（156条1項）

　　　イ　当該職員による通報

> 　国税庁の当該職員は，間接国税に関する犯則事件の調査を終えたときは，その調査の結果を所轄国税局長又は所轄税務署長に通報しなければならない。ただし，前項各号のいずれかに該当する場合においては，直ちに検察官に告発しなければならない。　　　　　　　　　　　　　　　　　　　　（同条2項）

　　　ウ　当該職員による告発

　　　　当該職員が間接国税に関する犯則事件の調査を終えたときは，国税局長又は税務署長に報告する（156条1項本文）のを原則とする。しかしながら，犯則嫌疑者の居所が判明しないとき等の一定の事由がある場合には，犯則事件の調査中であっても，直ちに検察官に告発をしなければならない。

　　　　156条1項ただし書の事由がある場合には，通告処分が不可能となるか，又は通告処分をしても犯則嫌疑者が履行する可能性がほとんどないため，通告処分権を放棄して，直ちに検察官に告発し，その後の措置を犯罪捜査機関である検察官に委ねるのが適当であると考えられるからである。

　(4)　間接国税に関する犯則事件についての通告処分等

　　　ア　通告処分の内容

> 　国税局長又は税務署長は，間接国税に関する犯則事件の調査により犯則の心証を得たときは，その理由を明示し，罰金に相当する金額，没収に該当する物件，追徴金に相当する金額並びに書類の送達並びに差押物件又は記録命令付差押物件の運搬及び保管に要した費用を指定の場所に納付すべき旨を書面により通告しなければならない。この場合において，没収に該当する物件については，納付の申出のみをすべき旨を通告することができる。　　　（157条1項）

　　　　通告処分によって，犯罪に該当する行為のうち軽微なものを，行政手続として簡易迅速な方式により処理することができる。

　　　イ　通告履行の効果

> 　犯則者は，第1項の通告の旨を履行した場合においては，同一事件について公訴を提起されない。　　　　　　　　　　　　　　　　　　　（同条5項）

　　　　犯則者が通告の旨を履行した場合には，告発されることはなく，また，

同一の犯則事件について公訴を提起されることもない。

ウ　国税局長又は税務署長による告発

前項の場合において，次の各号のいずれかに該当すると認めるときは，同項の規定にかかわらず，国税局長又は税務署長は，直ちに検察官に告発しなければならない。

一　情状が拘禁刑に処すべきものであるとき。

二　犯則者が通告の旨を履行する資力がないとき。　　　　　（同条2項）

157条2項の事由がある場合には，通告処分ではその目的を達することができないことから，国税局長又は税務署長は，直ちに検察官に犯則事件を告発しなければならないこととされている。

エ　通告不履行の場合の告発

犯則者が前条第1項の通告を受けた場合において，当該通告等を受けた日の翌日から起算して20日以内に当該通告の旨を履行しないときは，国税局長又は税務署長は，検察官に告発しなければならない。ただし，当該期間を経過しても告発前に履行した場合は，この限りでない。　　　　　（158条1項）

オ　通告不能の場合の告発

犯則者の居所が明らかでないため，若しくは犯則者が通告等に係る書類の受領を拒んだため，又はその他の事由により通告等をすることができないときも，前項と同様とする。　　　　　（同条2項）

(5)　検察官への引継ぎ

ア　告発の性質

間接国税に関する犯則事件については，国税局長等の告発は訴訟条件である。

収税官吏の告発がないのに酒税法違反の事実につき公訴が提起された場合には，刑訴法338条4号により公訴を棄却すべきである。（最3小判昭32・12・24刑集11巻14号3371頁）

間接国税に関する犯則事件について，告発が訴訟条件であることは，国税通則法159条により，法令上明確にされた。

> 間接国税に関する犯則事件は，第156条第1項ただし書（間接国税に関する犯則事件についての報告等）の規定による国税局若しくは税務署の当該職員の告発，同条第2項ただし書の規定による国税庁の当該職員の告発又は第157条第2項（間接国税に関する犯則事件についての通告処分等）若しくは前条の規定による国税局長若しくは税務署長の告発を待つて論ずる。　　（159条1項）

　　イ　告発の要件の判断の誤りと告発の効力
　　　　告発の要件の有無について，当該職員（収税官吏）が判断を誤ったときは，告発は無効である。

【判例⑭】収税官吏が，国税犯則取締法13条1項但書所定の事由があるとして，直ちに告発した場合においても，その要件事実の有無の判断に誤りがあるときには，その告発は無効である。（最3小判昭47・10・24刑集26巻8号455頁，判時687号29頁，判タ285号144頁）

第2　関税法に基づく令状
1　関税法の趣旨

> この法律は，関税の確定，納付，徴収及び還付並びに貨物の輸出及び輸入についての税関手続の適正な処理を図るため必要な事項を定めるものとする。
>
> 　　　　　　　　　　　　　　　　　　　　　　　　　　　（関税法1条）

2　犯則事件の調査
　（1）　任意調査（質問，検査，領置）

> 税関職員は，犯則事件を調査するため必要があるときは，犯則嫌疑者若しくは参考人に対して出頭を求め，犯則嫌疑者等に対して質問し，犯則嫌疑者等が所持し，若しくは置き去つた物件を検査し，又は犯則嫌疑者等が任意に提出し，若しくは置き去つた物件を領置することができる。　　（119条1項）

　（2）　強制調査
　　　　関税法上の犯則調査手続は一種の行政手続であり刑事手続ではないが，関税法上の犯則調査のための強制処分は，その実質において刑事訴訟法上の強制処分とかわるところがないことから，裁判官の許可状によることを要するものとしている。
　　ア　臨検，捜索，差押え，記録命令付差押え

> 　税関職員は，犯則事件を調査するため必要があるときは，その所属官署の所在地を管轄する地方裁判所又は簡易裁判所の裁判官があらかじめ発する許可状により，臨検，犯則嫌疑者等の身体，物件若しくは住居その他の場所の捜索，証拠物若しくは没収すべき物件と思料するものの差押え又は記録命令付差押えをすることができる。ただし，参考人の身体，物件又は住居その他の場所については，差し押さえるべき物件の存在を認めるに足りる状況のある場合に限り，捜索をすることができる。　　　　　　　　　　　　　　（121条1項）

　　イ　接続サーバ保管のデータ等の差押え

> 　差し押さえるべき物件が電子計算機であるときは，当該電子計算機に電気通信回線で接続している記録媒体であつて，当該電子計算機で作成若しくは変更をした電磁的記録又は当該電子計算機で変更若しくは消去をすることができることとされている電磁的記録を保管するために使用されていると認めるに足りる状況にあるものから，その電磁的記録を当該電子計算機又は他の記録媒体に複写した上，当該電子計算機又は当該他の記録媒体を差し押さえることができる。　　　　　　　　　　　　　　（同条2項）

　　ウ　許可状を交付する裁判所の例外

> 　前2項の場合において，急速を要するときは，税関職員は，臨検すべき物件若しくは場所，捜索すべき身体，物件若しくは場所，差し押さえるべき物件又は電磁的記録を記録させ，若しくは印刷させるべき者の所在地を管轄する地方裁判所又は簡易裁判所の裁判官があらかじめ発する許可状により，前2項の処分をすることができる。　　　　　　　　　　　　　　（同条3項）

　　エ　資料の提供

> 　税関職員は，第1項又は前項の許可状を請求する場合においては，犯則事件が存在すると認められる資料を提供しなければならない。　　（同条4項）

　　　　　税関職員が臨検捜索差押許可状を請求しようとするときは，犯則事件が存在すると認められる資料を提供しなければならない。税関職員の内偵の結果や投書も資料となる。
【判例⑭】税関職員が，郵便物の輸出入の簡易手続として，輸入禁制品の有無等を確認するため，郵便物を開披し，その内容物を目視するなどした上，内容物を特定するため，必要最小限の見本を採取して，これを鑑定に付すなど

　した本件郵便物検査を，裁判官の発する令状を得ずに，郵便物の発送人又
　は名宛人の承諾を得ることなく行うことが，関税法（平成24年法律第30号
　による改正前のもの）76条，関税法（平成23年法律第7号による改正前の
　もの）105条1項1号，3号により許容されていると解することは，憲法
　35条の法意に反しない。（最3小判平28・12・9刑集70巻8号806頁，判時
　2383号118頁，判タ1452号67頁）
　オ　臨検捜索差押許可状の請求
　　関税法違反の犯則事件の調査に当たる税関職員から，同法121条に基づ
　　く臨検捜索差押許可状の請求がなされる。
　カ　臨検捜索差押許可状の記載

　前項の請求があつた場合においては，地方裁判所又は簡易裁判所の裁判官
は，犯則嫌疑者の氏名（法人については，名称），罪名並びに臨検すべき物件
若しくは場所，捜索すべき身体，物件若しくは場所，差し押さえるべき物件又
は記録させ，若しくは印刷させるべき電磁的記録及びこれを記録させ，若しく
は印刷させるべき者並びに請求者の官職氏名，有効期間，その期間経過後は執
行に着手することができずこれを返還しなければならない旨，交付の年月日及
び裁判所名を記載し，自己の記名押印した許可状を税関職員に交付しなければ
ならない。　　　　　　　　　　　　　　　　　　　　　　　　（同条5項）
　第2項の場合においては，許可状に，前項に規定する事項のほか，差し押さ
えるべき電子計算機に電気通信回線で接続している記録媒体であつて，その電
磁的記録を複写すべきものの範囲を記載しなければならない。　（同条6項）

　　「犯則嫌疑者に対する上記犯則嫌疑事件について，上記のとおり臨検，
　捜索及び差押えをすることを許可する。」
　　犯則事実の記載については，平成29年の法改正（平成30年4月1日施
　行）により必要ではなくなった。
　キ　臨検捜索差押許可状の執行
　㋐　許可状の提示

　臨検，捜索，差押え又は記録命令付差押えの許可状は，これらの処分を受け
る者に提示しなければならない。　　　　　　　　　　　　　　　（128条）

　　　税関職員の行う強制処分に当たり，刑訴法110条の規定と同様に必ず
　　許可状を処分を受ける者に示さなければならない。
　㋑　所有者等の立会い

　税関職員は，人の住居，人の看守する邸宅若しくは建造物又は船舶，航空機，車両若しくは倉庫その他の場所で臨検，捜索，差押え又は記録命令付差押えをするときは，その所有者若しくは管理者（これらの者の代表者，代理人その他これらの者に代わるべき者を含む。）又はこれらの者の使用人若しくは同居の親族で成年に達した者を立ち会わせなければならない。　　　　（131条1項）

　女子の身体について捜索をするときは，成年の女子を立ち会わせなければならない。ただし，急速を要する場合は，この限りでない。　　　　（同条4項）

　　ク　夜間執行の制限
　　　(ア)　夜間執行の制限

　臨検，捜索，差押え又は記録命令付差押えは，許可状に夜間でも執行することができる旨の記載がなければ，日没から日出までの間には，してはならない。ただし，旅館，飲食店その他夜間でも公衆が出入りすることができる場所でその公開した時間内にこれらの処分をする場合及び第124条（現行犯事件の臨検，捜索又は差押え）の規定により処分をする場合は，この限りでない。

（137条1項）

　　　(イ)　日没前から開始している場合

　日没前に開始した臨検，捜索，差押え又は記録命令付差押えは，必要があると認めるときは，日没後まで継続することができる。　　　　（同条2項）

---

　(3)　鑑定処分
　　ア　鑑定処分許可状
　　　　税関職員による鑑定処分許可状の請求は，領置物件又は差押物件等の鑑定に限られ，鑑定のための処分行為も，その物件の破壊に限られている。
　　イ　鑑定等の嘱託

　税関職員は，犯則事件を調査するため必要があるときは，学識経験を有する者に領置物件，差押物件若しくは記録命令付差押物件についての鑑定を嘱託し，又は通訳若しくは翻訳を嘱託することができる。　　　　（136条1項）

　　ウ　鑑定受託者の処分

> 前項の規定による鑑定の嘱託を受けた者は，前項の税関職員の所属官署の所在地を管轄する地方裁判所又は簡易裁判所の裁判官の許可を受けて，当該鑑定に係る物件を破壊することができる。　　　　　　　　　　（同条２項）

エ　鑑定処分許可状の請求

> 前項の許可の請求は，税関職員からこれをしなければならない。（同条３項）

オ　鑑定処分許可状の記載事項

> 前項の請求があつた場合において，裁判官は，当該請求を相当と認めるときは，犯則嫌疑者の氏名（法人については，名称），罪名，破壊すべき物件及び鑑定人の氏名並びに請求者の官職氏名，有効期間，その期間経過後は執行に着手することができずこれを返還しなければならない旨，交付の年月日及び裁判所名を記載し，自己の記名押印した許可状を税関職員に交付しなければならない。　　　　　　　　　　（同条４項）

カ　許可状の提示

> 鑑定人は，第２項の処分を受ける者に前項の許可状を示さなければならない。　　　　　　　　　　（同条５項）

3　犯則事件の処分
(1)　税関職員の報告又は告発

> 税関職員は，犯則事件（申告納税方式適用関税に関する犯則事件を除く。以下同じ。）の調査を終えたときは，その調査の結果を税関長に報告しなければならない。ただし，次の各号のいずれかに該当する場合においては，直ちに検察官に告発しなければならない。
> 一　犯則嫌疑者の居所が明らかでないとき。
> 二　犯則嫌疑者が逃走するおそれがあるとき。
> 三　証拠となると認められるものを隠滅するおそれがあるとき。　　（145条）

(2)　税関長の通告処分等
ア　税関長の通告処分

> 税関長は，犯則事件の調査により犯則の心証を得たときは，その理由を明示し，罰金に相当する金額，没収に該当する物件，追徴金に相当する金額並びに書類の送達並びに差押物件又は記録命令付差押物件の運搬及び保管に要した費用を税関に納付すべき旨を書面により通告しなければならない。この場合において，没収に該当する物件については，納付の申出のみをすべき旨を通告することができる。
> (146条1項)

　　イ　告発すべき場合

> 前項の場合において，次の各号のいずれかに該当すると認めるときは，同項の規定にかかわらず，税関長は，直ちに検察官に告発しなければならない。
> 一　情状が拘禁刑に処すべきものであるとき。
> 二　犯則者が通告の旨を履行する資力がないとき。
> (同条2項)

　(3)　通告処分の不履行と告発
　　ア　通告不履行の場合の告発

> 犯則者が前条第1項の通告を受けた場合において，当該通告等を受けた日の翌日から起算して20日以内に当該通告の旨を履行しないときは，税関長は，検察官に告発しなければならない。ただし，当該期間を経過しても告発前に履行した場合は，この限りでない。
> (147条1項)

　　イ　通告不能の場合の告発

> 犯則者の居所が明らかでないため，若しくは犯則者が通告等に係る書類の受領を拒んだため，又はその他の事由により通告等をすることができないときも，前項と同様とする。
> (同条2項)

　　ウ　通告履行の効果

> 犯則者は，第1項の通告の旨を履行した場合においては，同一事件について公訴を提起されない。
> (146条5項)

　(4)　検察官への引継ぎ

犯則事件は，第145条ただし書（税関職員の報告又は告発）の規定による税関職員の告発又は第146条第2項（税関長の通告処分等）若しくは前条の規定による税関長の告発を待つて論ずる。　　　　　　　　　　　　　　（148条1項）

第144条の規定による告発又は前項の告発は，書面をもつて行い，第141条各項に規定する調書を添付し，領置物件，差押物件又は記録命令付差押物件があるときは，これを領置目録，差押目録又は記録命令付差押目録とともに検察官に引き継がなければならない。　　　　　　　　　　　　　　（同条2項）

　ア　告発の性質

　　　関税法上の犯則事件については，税関長の通告処分を前提とし（146条1項），犯則者が通告の旨を履行したときは同一事件について更に公訴を提起されない（同条5項）こととなっているので，税関長の告発又は税関職員の告発がなければ検察官は公訴を提起できないこととなっている。

　　　すなわち，関税法違反事件については，税関長又は税関職員の告発が訴訟条件となる（148条1項，名古屋高判昭24・10・24高判特5号49頁）。

　イ　告発の事実の認定

【判例⑭】訴訟条件である告発の存在は，上告審において，証拠調手続によることなく，適宜の方法で認定することができ，関税法140条（現148条）所定の告発書の謄本が原判決後に原審に提出されて記録につづられ，その写しが上告審から弁護人に送付されている事情の下では，上告審は上記謄本により告発の事実を認定することができる。（最2小決平23・10・26刑集65巻7号1107頁，判時2139号145頁，判タ1364号87頁）

　ウ　告発と通告処分

　　　税関長又は税関職員の告発により，通告処分はその効力を失う。

第3　地方税法に基づく令状

1　地方税に関する犯則事件

　　地方税（地方消費税を除く。）に関する犯則事件は，租税の賦課徴収に直接関係がある地方税法の規定で，その違反について行政刑罰を科するものについて，その違反の疑いがある事件である。

2　犯則事件の調査

　(1)　任意調査（質問，検査，領置）

　　当該徴税吏員（地方団体の長がその職務を定めて指定する徴税吏員をいう。）
は，地方税に関する犯則事件を調査するため必要があるときは，犯則嫌疑者若
しくは参考人に対して出頭を求め，犯則嫌疑者等に対して質問し，犯則嫌疑者
等が所持し，若しくは置き去つた物件を検査し，又は犯則嫌疑者等が任意に提
出し，若しくは置き去つた物件を領置することができる。

（地方税法22条の3第1項）

(2)　強制調査
　ア　臨検，捜索，差押え，記録命令付差押え

　　当該徴税吏員は，犯則事件を調査するため必要があるときは，その所属する
地方団体の事務所の所在地を管轄する地方裁判所又は簡易裁判所の裁判官があ
らかじめ発する許可状により，臨検，犯則嫌疑者等の身体，物件若しくは住居
その他の場所の捜索，証拠物若しくは没収すべき物件と思料するものの差押え
又は記録命令付差押えをすることができる。ただし，参考人の身体，物件又は
住居その他の場所については，差し押さえるべき物件の存在を認めるに足りる
状況のある場合に限り，捜索をすることができる。　　（22条の4第1項）

　　　　地方税に関する犯則事件については，地方税徴収吏員，地方税査察吏員
　　から臨検捜索差押許可状等の請求がなされる。
　イ　接続サーバ保管のデータ等の差押え

　　当該徴税吏員は，差し押さえるべき物件が電子計算機であるときは，当該電
子計算機に電気通信回線で接続している記録媒体であつて，当該電子計算機で
作成若しくは変更をした電磁的記録又は当該電子計算機で変更若しくは消去を
することができることとされている電磁的記録を保管するために使用されてい
ると認めるに足りる状況にあるものから，その電磁的記録を当該電子計算機又
は他の記録媒体に複写した上，当該電子計算機又は当該他の記録媒体を差し押
さえることができる。　　　　　　　　　　　　　　　（同第2項）

　ウ　許可状を交付する裁判所の例外

　当該徴税吏員は，前２項の場合において，急速を要するときは，臨検すべき物件若しくは場所，捜索すべき身体，物件若しくは場所，差し押さえるべき物件又は電磁的記録を記録させ，若しくは印刷させるべき者の所在地を管轄する地方裁判所又は簡易裁判所の裁判官があらかじめ発する許可状により，前２項の処分をすることができる。　　　　　　　　　　　　　　（同第３項）

　エ　資料の提供

　当該徴税吏員は，第１項又は前項の許可状を請求する場合には，犯則事件が存在すると認められる資料を提供しなければならない。　　　　（同第４項）

　オ　許可状の記載

　地方裁判所又は簡易裁判所の裁判官は，前項の規定による請求があつた場合には，犯則嫌疑者の氏名（法人については，名称），罪名並びに臨検すべき物件若しくは場所，捜索すべき身体，物件若しくは場所，差し押さえるべき物件又は記録させ，若しくは印刷させるべき電磁的記録及びこれを記録させ，若しくは印刷させるべき者並びに請求者の官職氏名，有効期間，その期間経過後は執行に着手することができずこれを返還しなければならない旨，交付の年月日及び裁判所名を記載し，自己の記名押印した許可状を当該徴税吏員に交付しなければならない。　　　　　　　　　　　　　　　　　　　　　　　（同第５項）

　地方裁判所又は簡易裁判所の裁判官は，第２項の場合においては，許可状に，前項に規定する事項のほか，差し押さえるべき電子計算機に電気通信回線で接続している記録媒体であつて，その電磁的記録を複写すべきものの範囲を記載しなければならない。　　　　　　　　　　　　　　　　　（同第６項）

　カ　夜間執行の制限
　　(ア)　夜間執行の制限

　当該徴税吏員は，許可状に夜間でも執行することができる旨の記載がなければ，日没から日出までの間には，臨検，捜索，差押え又は記録命令付差押えをしてはならない。ただし，第22条の７の規定により処分をする場合及び軽油引取税その他の政令で定める地方税について夜間でも公衆が出入りすることができる場所でその公開した時間内にこれらの処分をする場合は，この限りでない。　　　　　　　　　　　　　　　　　　　　　　　（22条の20第１項）

　　(イ)　日没前から開始している場合

> 　当該徴税吏員は，必要があると認めるときは，日没前に開始した臨検，捜索，差押え又は記録命令付差押えを，日没後まで継続することができる。
>
> （同第2項）

(3)　鑑定処分

　ア　鑑定等の嘱託

> 　当該徴税吏員は，犯則事件を調査するため必要があるときは，学識経験を有する者に領置物件，差押物件若しくは記録命令付差押物件についての鑑定を嘱託し，又は通訳若しくは翻訳を嘱託することができる。　（22条の19第1項）

　イ　鑑定受託者の処分

> 　前項の規定による鑑定の嘱託を受けた者は，前項の当該徴税吏員の所属する地方団体の事務所の所在地を管轄する地方裁判所又は簡易裁判所の裁判官の許可を受けて，当該鑑定に係る物件を破壊することができる。　（同第2項）

　ウ　鑑定処分許可状の請求

> 　前項の許可の請求は，当該徴税吏員がしなければならない。　（同第3項）

　エ　鑑定処分許可状の記載事項

> 　地方裁判所又は簡易裁判所の裁判官は，前項の請求があつた場合において，当該請求を相当と認めるときは，犯則嫌疑者の氏名（法人については，名称），罪名，破壊すべき物件及び鑑定人の氏名並びに請求者の官職氏名，有効期間，その期間経過後は執行に着手することができずこれを返還しなければならない旨，交付の年月日及び裁判所名を記載し，自己の記名押印した許可状を当該徴税吏員に交付しなければならない。　（同第4項）

3　犯則事件の処分

(1)　間接地方税以外の地方税に関する犯則事件についての告発

> 　当該徴税吏員は，間接地方税以外の地方税に関する犯則事件の調査により犯則があると思料するときは，検察官に告発しなければならない。（22条の26）

(2)　間接地方税に関する犯則事件についての報告等

> 　当該徴税吏員は，間接地方税に関する犯則事件の調査を終えたときは，その調査の結果をその所属する地方団体の長に報告しなければならない。ただし，次の各号のいずれかに該当する場合には，直ちに検察官に告発しなければならない。
> 一　犯則嫌疑者の居所が明らかでないとき。
> 二　犯則嫌疑者が逃走するおそれがあるとき。
> 三　証拠となると認められるものを隠滅するおそれがあるとき。　（22条の27）

(3)　検察官への引継ぎ

> 　間接地方税に関する犯則事件は，第22条の27ただし書の規定による当該徴税吏員の告発又は第22条の28第2項若しくは前条の規定による地方団体の長の告発を待つて論ずる。　　　　　　　　　　　　　　　　（22条の30第1項）

第4　金融商品取引法に基づく令状

1　金融商品取引法

(1)　金融商品取引法の目的

> 　この法律は，企業内容等の開示の制度を整備するとともに，金融商品取引業を行う者に関し必要な事項を定め，金融商品取引所の適切な運営を確保すること等により，有価証券の発行及び金融商品等の取引等を公正にし，有価証券の流通を円滑にするほか，資本市場の機能の十全な発揮による金融商品等の公正な価格形成等を図り，もつて国民経済の健全な発展及び投資者の保護に資することを目的とする。　　　　　　　　　　　　　（金融商品取引法1条）

(2)　証券取引等監視委員会

　　証券取引等監視委員会（ＳＥＳＣ，Securities and Exchange Surveillance Commission）は，平成4年の大蔵省設置法改正により設置されたものである。

2　任意調査（質問，検査，領置）

> 証券取引等監視委員会の職員は，犯則事件を調査するため必要があるときは，犯則嫌疑者若しくは参考人に対して出頭を求め，犯則嫌疑者等に対して質問し，犯則嫌疑者等が所持し若しくは置き去つた物件を検査し，又は犯則嫌疑者等が任意に提出し，若しくは置き去つた物件を領置することができる。
>
> （210条1項）

210条は，証券取引等監視委員会の職員が，犯則事件の調査について，強制力の伴わない任意調査を行い得ることを明らかにしている。

3　強制調査（臨検，捜索，差押え，記録命令付差押え）

> 委員会職員は，犯則事件を調査するため必要があるときは，委員会の所在地を管轄する地方裁判所又は簡易裁判所の裁判官があらかじめ発する許可状により，臨検，犯則嫌疑者等の身体，物件若しくは住居その他の場所の捜索，証拠物若しくは没収すべき物件と思料するものの差押え又は記録命令付差押えをすることができる。ただし，参考人の身体，物件又は住居その他の場所については，差し押さえるべき物件の存在を認めるに足りる状況のある場合に限り，捜索をすることができる。
>
> （211条1項）

(1)　犯則事件の強制調査

　　211条は，証券取引等監視委員会の職員が，犯則事件について強制調査を行えることを明らかにした規定である。

(2)　臨検捜索差押許可状の請求

　　金融商品取引法に関する犯則事件について，証券取引等監視委員会の職員から同法211条に基づく臨検捜索差押許可状の請求がなされる。

(3)　リモートアクセスによる複写の処分

> 差し押さえるべき物件が電子計算機であるときは，当該電子計算機に電気通信回線で接続している記録媒体であつて，当該電子計算機で作成若しくは変更をした電磁的記録又は当該電子計算機で変更若しくは消去をすることができることとされている電磁的記録を保管するために使用されていると認めるに足りる状況にあるものから，その電磁的記録を当該電子計算機又は他の記録媒体に複写した上，当該電子計算機又は当該他の記録媒体を差し押さえることができる。
>
> （同条2項）

(4)　許可状を交付する裁判所の例外

> 　前2項の場合において，急速を要するときは，委員会職員は，臨検すべき物件若しくは場所，捜索すべき身体，物件若しくは場所，差し押さえるべき物件又は電磁的記録を記録させ，若しくは印刷させるべき者の所在地を管轄する地方裁判所又は簡易裁判所の裁判官があらかじめ発する許可状により，前2項の処分をすることができる。　　　　　　　　　　　　　（同条3項）

(5)　資料提供義務

> 　委員会職員は，第1項又は前項の許可状を請求する場合においては，犯則事件が存在すると認められる資料を提供しなければならない。　　　（同条4項）

　　　　犯則事件が存在すると認められる資料としては，任意調査によって得られた検査結果や照会に対する回答書などが考えられる。

(6)　許可状の記載事項

　　ア　許可状の記載事項

> 　前項の規定による請求があつた場合においては，地方裁判所又は簡易裁判所の裁判官は，犯則嫌疑者の氏名（法人については，名称），罪名並びに臨検すべき物件若しくは場所，捜索すべき身体，物件若しくは場所，差し押さえるべき物件又は記録させ，若しくは印刷させるべき電磁的記録及びこれを記録させ，若しくは印刷させるべき者並びに請求者の官職及び氏名，有効期間，その期間経過後は執行に着手することができずこれを返還しなければならない旨，交付の年月日並びに裁判所名を記載し，自己の記名押印した許可状を委員会職員に交付しなければならない。　　　　　　　　　　　（同条5項）

　　　【書式例17の2】臨検捜索差押許可状（金融商品取引法）

　　イ　リモートアクセスによる複写の処分

> 　第2項の場合においては，許可状に，前項に規定する事項のほか，差し押さえるべき電子計算機に電気通信回線で接続している記録媒体であつて，その電磁的記録を複写すべきものの範囲を記載しなければならない。　　（同条6項）

(7)　委員会による犯則調査と捜査機関による捜査

　　　　金融商品取引法違反の犯則事件について，証券取引等監視委員会による犯則調査と捜査機関による捜査が併行して行われることがある。その場合，同一場所に対する証券取引等監視委員会の臨検捜索差押許可状と捜査機関（検察官の場合もある。）の捜索差押許可状が請求されることがあるが，捜査機

　　関による再度の捜索差押許可状の請求（112頁）とは異なり，委員会による
　　調査の専門性を考慮して，同一場所に対する重複した許可状の発付の必要性
　　が認められることもある。
　(8)　鑑定処分
　　ア　鑑定等の嘱託

　　　委員会職員は，犯則事件を調査するため必要があるときは，学識経験を有す
　　る者に領置物件，差押物件若しくは記録命令付差押物件についての鑑定を嘱託
　　し，又は通訳若しくは翻訳を嘱託することができる。　　　（222条の3第1項）

　　イ　鑑定受託者の処分

　　　前項の規定による鑑定の嘱託を受けた者は，委員会の所在地を管轄する地方
　　裁判所又は簡易裁判所の裁判官の許可を受けて，当該鑑定に係る物件を破壊す
　　ることができる。　　　　　　　　　　　　　　　　　　　　　（同第2項）

　　ウ　鑑定処分許可状の請求

　　　前項の許可の請求は，委員会職員からしなければならない。　　（同第3項）

　　エ　鑑定処分許可状の記載事項

　　　前項の請求があつた場合において，裁判官は，当該請求を相当と認めるとき
　　は，犯則嫌疑者の氏名（法人については，名称），罪名，破壊すべき物件及び
　　鑑定人の氏名並びに請求者の官職及び氏名，有効期間，その期間経過後は執行
　　に着手することができずこれを返還しなければならない旨，交付の年月日並び
　　に裁判所名を記載し，自己の記名押印した許可状を委員会職員に交付しなけれ
　　ばならない。　　　　　　　　　　　　　　　　　　　　　　　（同第4項）

　(9)　夜間執行の制限
　　ア　夜間執行

　　　臨検，捜索，差押え又は記録命令付差押えは，許可状に夜間でも執行するこ
　　とができる旨の記載がなければ，日没から日の出までの間には，してはならな
　　い。　　　　　　　　　　　　　　　　　　　　　　　　　　（212条1項）

　　イ　日没前に開始した場合

> 　日没前に開始した臨検，捜索，差押え又は記録命令付差押えは，必要がある
> と認めるときは，日没後まで継続することができる。　　　　　（同条２項）

⑽　臨検捜索差押許可状の執行
　ア　許可状の提示

> 　臨検，捜索，差押え又は記録命令付差押えの許可状は，これらの処分を受け
> る者に提示しなければならない。　　　　　　　　　　　　　　　（213条）

　イ　責任者等の立会い

> 　委員会職員は，人の住居又は人の看守する邸宅若しくは建造物その他の場所
> で臨検，捜索，差押え又は記録命令付差押えをするときは，その所有者若しく
> は管理者（これらの者の代表者，代理人その他これらの者に代わるべき者を含
> む。）又はこれらの者の使用人若しくは同居の親族で成年に達した者を立ち会
> わせなければならない。　　　　　　　　　　　　　　　　　（217条１項）
> 　女子の身体について捜索するときは，成年の女子を立ち会わせなければなら
> ない。ただし，急速を要する場合はこの限りでない。　　　　　（同条３項）

4　犯則事件の処分
　(1)　委員会への報告

> 　委員会職員は，犯則事件の調査を終えたときは，調査の結果を委員会に報告
> しなければならない。　　　　　　　　　　　　　　　　　　　　（223条）

　(2)　委員会の告発

> 　委員会は，犯則事件の調査により犯則の心証を得たときは，告発し，領置物
> 件，差押物件又は記録命令付差押物件があるときは，これを領置目録，差押目
> 録又は記録命令付差押目録とともに引き継がなければならない。（226条１項）

　ア　犯則の心証
　　　「犯則の心証を得た」とは，単なる主観的な嫌疑では足りず，調査によっ
　　て収集した証拠により犯則事実の存在と内容とを客観的に認定しうること
　　を必要とする。
　イ　委員会の告発
　　　226条の告発は訴訟条件ではないため，委員会の告発がないまま事件が
　　起訴された場合であっても，訴追は可能である。

第5　独占禁止法に基づく令状
1　独占禁止法の目的

> この法律は，私的独占，不当な取引制限及び不公正な取引方法を禁止し，事業支配力の過度の集中を防止して，結合，協定等の方法による生産，販売，価格，技術等の不当な制限その他一切の事業活動の不当な拘束を排除することにより，公正且つ自由な競争を促進し，事業者の創意を発揮させ，事業活動を盛んにし，雇傭及び国民実所得の水準を高め，以て，一般消費者の利益を確保するとともに，国民経済の民主的で健全な発達を促進することを目的とする。
>
> （私的独占の禁止及び公正取引の確保に関する法律1条）

2　犯則事件の調査
(1)　公正取引委員会
ア　公正取引委員会の意義
公正取引委員会は，独占禁止法等の運用にあたる行政委員会である。
イ　犯則調査権限の導入
公正取引委員会の調査権限は，行政調査に限られていたが，平成17年の独占禁止法改正で，犯則調査の権限が導入された。

犯則調査は，独占禁止法違反事件の刑事告発を目的とした手続である。

また，私的独占の禁止及び公正取引の確保に関する法律の一部を改正する法律（令和元年法律第45号）により，犯則事件の調査等に係る規定が改正され，電磁的記録に係る証拠収集手続の整備等が行われ，令和2年1月1日から施行されている。

(2)　任意調査と強制調査
犯則調査の権限としては，任意調査として，質問，検査，領置等（101条）が，強制調査として，臨検，捜索，差押え及び記録命令付差押え（102条）が付与されている。

(3)　ファイア・ウォール
公正取引委員会では，従来からの行政調査部門と新設された犯則調査部門を区別するため，**ファイア・ウォール**（fire wall，**業務隔壁**）が設けられ，前者が得た情報を後者が利用できないようにされている。そのため，公正取引委員会は，犯則調査部門の職員に限って，犯則調査職員の指定を行っている。（公正取引委員会の犯則事件の調査に関する規則2条）

3　任意調査（質問，検査，領置等）

> 公正取引委員会の職員（公正取引委員会の指定を受けた者に限る。）は，犯則事件（第89条から第91条までの罪に係る事件をいう。）を調査するため必要があるときは，犯則嫌疑者若しくは参考人に対して出頭を求め，犯則嫌疑者等に対して質問し，犯則嫌疑者等が所持し若しくは置き去つた物件を検査し，又は犯則嫌疑者等が任意に提出し若しくは置き去つた物件を領置することができる。
>
> 　　　　　　　　　　　　　　　　　　　　　　　　　　　　（101条1項）

4　強制捜査（臨検，捜索，差押え，記録命令付差押え）

> 委員会職員は，犯則事件を調査するため必要があるときは，公正取引委員会の所在地を管轄する地方裁判所又は簡易裁判所の裁判官があらかじめ発する許可状により，臨検，捜索，差押え又は記録命令付差押えをすることができる。
>
> 　　　　　　　　　　　　　　　　　　　　　　　　　　　　（102条1項）

(1)　許可状の請求

　　　独占禁止法に関する犯則事件について，公正取引委員会の職員から同法102条に基づく臨検捜索差押許可状の請求がなされる。

　　　犯則調査の臨検が刑事捜査の検証に相当し，犯則調査の差押えが刑事捜査の押収に相当する。

(2)　接続サーバ保管のデータ等の差押え

> 差し押さえるべき物件が電子計算機であるときは，当該電子計算機に電気通信回線で接続している記録媒体であつて，当該電子計算機で作成若しくは変更をした電磁的記録又は当該電子計算機で変更若しくは消去をすることができることとされている電磁的記録を保管するために使用されていると認めるに足りる状況にあるものから，その電磁的記録を当該電子計算機又は他の記録媒体に複写した上，当該電子計算機又は当該他の記録媒体を差し押さえることができる。
>
> 　　　　　　　　　　　　　　　　　　　　　　　　　　　　（同条2項）

(3)　許可状を交付する裁判所の例外

> 前2項の場合において，急速を要するときは，委員会職員は，臨検すべき場所，捜索すべき場所，身体若しくは物件，差し押さえるべき物件又は電磁的記録を記録させ，若しくは印刷させるべき者の所在地を管轄する地方裁判所又は簡易裁判所の裁判官があらかじめ発する許可状により，これらの項の処分をすることができる。
>
> 　　　　　　　　　　　　　　　　　　　　　　　　　　　　（同条3項）

(4)　資料の提供

> 委員会職員は，第1項又は前項の許可状を請求する場合においては，犯則事件が存在すると認められる資料を提供しなければならない。　　　（同条4項）

　　　犯則事件について臨検捜索差押許可状を請求する場合，犯則事件が存在すると認められる資料を提供しなければならない。

(5)　許可状の記載

> 前項の請求があつた場合においては，地方裁判所又は簡易裁判所の裁判官は，臨検すべき場所，捜索すべき場所，身体若しくは物件，差し押さえるべき物件又は記録させ，若しくは印刷させるべき電磁的記録及びこれを記録させ，若しくは印刷させるべき者並びに請求者の官職及び氏名，有効期間，その期間経過後は執行に着手することができずこれを返還しなければならない旨，交付の年月日並びに裁判所名を記載し，自己の記名押印した許可状を委員会職員に交付しなければならない。この場合において，犯則嫌疑者の氏名（法人については，名称）又は犯則の事実が明らかであるときは，これらの事項をも記載しなければならない。　　　（同条5項）
>
> 第2項の場合においては，許可状に，前項に規定する事項のほか，差し押さえるべき電子計算機に電気通信回線で接続している記録媒体であつて，その電磁的記録を複写すべきものの範囲を記載しなければならない。　　　（同条6項）

　　【書式例17の3】臨検捜索差押許可状（独占禁止法）

(6)　鑑定処分

　ア　鑑定等の嘱託

> 委員会職員は，犯則事件を調査するため必要があるときは，学識経験を有する者に領置物件，差押物件若しくは記録命令付差押物件についての鑑定を嘱託し，又は通訳若しくは翻訳を嘱託することができる。　　　（114条の3第1項）

　イ　鑑定受託者の処分

> 前項の規定による鑑定の嘱託を受けた者は，公正取引委員会の所在地を管轄する地方裁判所又は簡易裁判所の裁判官の許可を受けて，当該鑑定に係る物件を破壊することができる。　　　（同第2項）

　ウ　鑑定処分許可状の請求

> 前項の許可の請求は，委員会職員からこれをしなければならない。
>
> （同第3項）

エ　鑑定処分許可状の記載事項

> 前項の請求があつた場合において，裁判官は，当該請求を相当と認めるときは，犯則嫌疑者の氏名（法人については，名称），罪名，破壊すべき物件及び鑑定人の氏名並びに請求者の官職及び氏名，有効期間，その期間経過後は執行に着手することができずこれを返還しなければならない旨，交付の年月日及び裁判所名を記載し，自己の記名押印した許可状を委員会職員に交付しなければならない。
>
> （同第4項）

(7)　夜間執行の制限

ア　夜間執行の禁止等

> 臨検，捜索，差押え又は記録命令付差押えは，許可状に夜間でも執行することができる旨の記載がなければ，日没から日の出までの間には，してはならない。
>
> （104条1項）

イ　日没前から開始している場合

> 日没前に開始した臨検，捜索，差押え又は記録命令付差押えは，必要があると認めるときは，日没後まで継続することができる。
>
> （同条2項）

(8)　所有者等の立会い

> 委員会職員は，人の住居又は人の看守する邸宅若しくは建造物その他の場所で臨検，捜索，差押え又は記録命令付差押えをするときは，その所有者若しくは管理者（これらの者の代表者，代理人その他これらの者に代わるべき者を含む。）又はこれらの者の使用人若しくは同居の親族で成年に達した者を立ち会わせなければならない。
>
> （109条1項）
>
> 女子の身体について捜索するときは，成年の女子を立ち会わせなければならない。ただし，急速を要する場合は，この限りでない。
>
> （同条3項）

5　犯則事件の処分

犯則事件の調査が終了すると，その結果が公正取引委員会に報告され，公正取引委員会が犯則の心証を得たときは検事総長に告発することになる。

(1)　公正取引委員会への報告

> 委員会職員は，犯則事件の調査を終えたときは，調査の結果を公正取引委員会に報告しなければならない。　　　　　　　　　　　　　　　　　　（115条）

(2)　公正取引委員会の告発

> 公正取引委員会は，第12章に規定する手続による調査により犯則の心証を得たときは，検事総長に告発しなければならない。　　　　　　　　　（74条1項）
>
> 公正取引委員会は，前項に定めるもののほか，この法律の規定に違反する犯罪があると思料するときは，検事総長に告発しなければならない。
>
> 　　　　　　　　　　　　　　　　　　　　　　　　　　　　　　（同条2項）

(3)　専属告発

> 第89条から第91条までの罪は，公正取引委員会の告発を待つて，これを論ずる。　　　　　　　　　　　　　　　　　　　　　　　　　　　　（96条1項）
>
> 第1項の告発は，公訴の提起があつた後は，これを取り消すことができない。
>
> 　　　　　　　　　　　　　　　　　　　　　　　　　　　　　　（同条4項）

　公正取引委員会の専門的な知識経験を必要とするこれらの罪については，公正取引委員会の**専属告発**とする規定である。

　公正取引委員会の告発は，公訴提起のための訴訟条件であり，告発がなくとも犯罪捜査を行うことは妨げられない。

第6　出入国管理法に基づく令状
1　出入国管理法の目的

> 出入国管理及び難民認定法は，本邦に入国し，又は本邦から出国する全ての人の出入国及び本邦に在留する全ての外国人の在留の公正な管理を図るとともに，難民の認定手続を整備することを目的とする。
>
> 　　　　　　　　　　　　　　　　　　　（出入国管理及び難民認定法1条）

2　退去強制の違反調査

> 入国警備官は，第24条各号の一に該当すると思料する外国人があるときは，当該外国人につき違反調査をすることができる。　　　　　　　　　（27条）

　27条は，退去強制手続の最初の段階である違反調査について，入国警備官がその権限を有していることを定めた規定である。

　「第24条各号の一に該当すると思料する外国人」とは，不法入国，不法上陸，不法残留等の特定の退去強制事由のいずれかに該当する疑いがあると認められる外国人を意味する。

　入国警備官が，容疑ありと思料する端緒としては，出入国在留管理庁が有している出入国記録，在留資格関係申請記録，入国管理官による旅券・外国人登録証明書の現認，外国人の出頭申告等がある。

3　臨検，捜索，押収

> 　入国警備官は，違反調査をするため必要があるときは，その所属官署の所在地を管轄する地方裁判所又は簡易裁判所の裁判官の許可を得て，臨検，捜索又は押収をすることができる。　　　　　　　　　　　　　　　　　　（31条１項）

(1)　31条の趣旨

　　31条は，入国警備官が強制調査として行う臨検，捜索及び押収に関する規定である。

　　同条１項は，行政調査として行われる入国警備官の臨検，捜索又は押収についても，憲法35条（前記30頁）の定める令状主義の趣旨を尊重して裁判官の許可によるべき旨を定めたものである。

(2)　臨検，捜索，押収

　ア　臨検

　　　臨検とは，入国警備官が退去強制事由に該当する容疑に関連性がある現場に立ち入り，人，物又は場所の状態を五官の作用で認識することをいう。

　イ　捜索

　　　捜索とは，入国警備官が一定の場所について退去強制事由に該当する容疑に関連性がある人又は物の発見を目的として必要な措置をとる処分をいう。

　ウ　押収

　　　押収とは，入国警備官が退去強制事由に該当する容疑に関連性がある証拠物の占有を取得する処分をいう。

(3)　許可状の請求

　ア　臨検捜索押収許可状の請求

　　　24条の退去強制の対象となる容疑者について，入国警備官から31条に基づく臨検捜索押収許可状の請求がなされる。

　イ　請求書の記載

　　　許可状の請求は，同法施行規則31条１項により，規則別記46号様式によ

る許可状請求書によって行われる。

　　上記様式によれば，「容疑者氏名」「容疑事実の要旨及び該当法条」「臨
検すべき場所，捜索すべき場所，身体若しくは物件又は押収すべき物件」
「必要とする有効期間及びその事由」「日の出前，日没後に行う必要があ
るときはその旨及び事由」を記載するものとされている。

　　「容疑者に対する出入国管理及び難民認定法24条に規定する退去強制事
由該当容疑事件につき，臨検捜索押収許可状の発付を請求する。」

(4)　臨検捜索押収の理由と必要性

　ア　臨検捜索押収の理由

　　臨検捜索押収は，違反調査をするため必要があるときに許されるのであ
るから，臨検捜索押収の理由として，具体的な退去強制事由に該当する容
疑がなければならない。

　イ　臨検捜索押収の必要性

　　臨検捜索押収を行うについては，臨検捜索押収の理由のほかに，それら
を行う必要性が存在しなければならない。

(5)　許可状を交付する裁判所の例外

> 　前項の場合において，急速を要するときは，入国警備官は，臨検すべき場所，
> 捜索すべき身体若しくは物件又は押収すべき物件の所在地を管轄する地方裁判
> 所又は簡易裁判所の裁判官の許可を得て，同項の処分をすることができる。
>
> 　　　　　　　　　　　　　　　　　　　　　　　　　　　　　　（31条2項）

　　「急速を要するとき」とは，入国警備官の所属官署の所在地を管轄する地
方裁判所又は簡易裁判所の裁判官の許可を請求したのでは，現場の状況の変
化，証拠物の隠滅のおそれなどがあり，緊急に臨検，捜索又は押収を行う必
要がある場合をいう。

(6)　資料の添付

> 　入国警備官は，第1項又は前項の許可を請求しようとするときは，容疑者が
> 第24条各号の一に該当すると思料されるべき資料並びに，容疑者以外の者の住
> 居その他の場所を臨検しようとするときは，その場所が違反事件に関係がある
> と認めるに足りる状況があることを認めるべき資料，容疑者以外の者の身体，
> 物件又は住居その他の場所について捜索しようとするときは，押収すべき物件
> の存在及びその物件が違反事件に関係があると認めるに足りる状況があること
> を認めるべき資料，容疑者以外の者の物件を押収しようとするときは，その物

> 件が違反事件に関係があると認めるに足りる状況があることを認めるべき資料を添付して，これをしなければならない。　　　　　　　　　　（同条3項）

　　臨検捜索押収が許されるためには，前述のように，具体的な退去強制事由に該当する容疑がなければならないことから，臨検捜索押収許可状の請求にあたってはこれらの根拠となるべき資料を添付しなければならない。

4　許可状の記載

> 前項の請求があつた場合においては，地方裁判所又は簡易裁判所の裁判官は，臨検すべき場所，捜索すべき身体又は物件，押収すべき物件，請求者の官職氏名，有効期間及び裁判所名を記載し，自ら記名押印した許可状を入国警備官に交付しなければならない。　　　　　　　　　　　　　　（同条4項）

　　違反事実の要旨は，許可状の記載要件ではない。

　　「容疑者に対する上記容疑事件について，上記のとおり臨検，捜索及び押収をすることを許可する。」

　　【書式例17の4】臨検捜索押収許可状（出入国管理法）

5　所有者等の立会い

> 入国警備官は，住居その他の建造物内で捜索又は押収をするときは，所有者，借主，管理者又はこれらの者に代るべき者を立ち会わせなければならない。これらの者を立ち会わせることができないときは，隣人又は地方公共団体の職員を立ち会わせなけらばならない。　　　　　　　　　　（34条）

　　34条は，建造物内で捜索又は押収が行われる場合に，その建造物等の管理者等の責任者を立ち会わせることにより，執行を受ける者の権利の保護を図るとともに，その手続の公正を担保しようとするものである。刑訴法114条2項と同旨の規定である。

6　夜間執行の制限

(1)　時刻の制限

> 入国警備官は，日出前，日没後には，許可状に夜間でも執行することができる旨の記載がなければ，捜索又は押収のため，住居その他の建造物内に入つてはならない。　　　　　　　　　　　　　　　　　　　　　　（35条1項）

　　35条は，夜間における私生活の平穏を保護するために設けられた規定である。刑訴法116条，117条と同旨の規定である。

(2)　日没前から着手している場合

入国警備官は，日没前に捜索又は押収に着手したときは，日没後でも，その処分を継続することができる。　　　　　　　　　　　　　　　　（同条2項）

(3)　夜間執行を許す場所

左の場所で捜索又は押収をするについては，入国警備官は，第1項に規定する制限によることを要しない。
一　風俗を害する行為に常用されるものと認められる場所
二　旅館，飲食店その他夜間でも公衆が出入することができる場所。但し，公開した時間内に限る。　　　　　　　　　　　　　　　　　　　（同条3項）

7　告発

入国審査官は，第45条又は第55条の2第2項の審査に当たつて，容疑者が罪を犯したと信ずるに足りる相当の理由があるときは，検察官に告発するものとする。　　　　　　　　　　　　　　　　　　　　　　　　　　（63条3項）

第7　児童虐待防止法に基づく令状
1　児童虐待防止法の目的

この法律は，児童虐待が児童の人権を著しく侵害し，その心身の成長及び人格の形成に重大な影響を与えるとともに，我が国における将来の世代の育成にも懸念を及ぼすことにかんがみ，児童に対する虐待の禁止，児童虐待の予防及び早期発見その他の児童虐待の防止に関する国及び地方公共団体の責務，児童虐待を受けた児童の保護及び自立の支援のための措置等を定めることにより，児童虐待の防止等に関する施策を促進し，もって児童の権利利益の擁護に資することを目的とする。　　　　　　　　（児童虐待の防止等に関する法律1条）

2　児童虐待防止法に基づく出頭要求，立入調査等
(1)　出頭要求

都道府県知事は，児童虐待が行われているおそれがあると認めるときは，当該児童の保護者に対し，当該児童を同伴して出頭することを求め，児童委員又は児童の福祉に関する事務に従事する職員をして，必要な調査又は質問をさせることができる。　　　　　　　　　　　　　　　　　（8条の2第1項前段）

(2)　立入調査

> 　都道府県知事は，児童虐待が行われているおそれがあると認めるときは，児童委員又は児童の福祉に関する事務に従事する職員をして，児童の住所又は居所に立ち入り，必要な調査又は質問をさせることができる。（9条1項前段）

3　臨検，捜索

> 　都道府県知事は，第8条の2第1項の保護者又は第9条第1項の児童の保護者が正当な理由なく同項の規定による児童委員又は児童の福祉に関する事務に従事する職員の立入り又は調査を拒み，妨げ，又は忌避した場合において，児童虐待が行われている疑いがあるときは，当該児童の安全の確認を行い，又はその安全を確保するため，児童の福祉に関する事務に従事する職員をして，当該児童の住所又は居所の所在地を管轄する地方裁判所，家庭裁判所又は簡易裁判所の裁判官があらかじめ発する許可状により，当該児童の住所若しくは居所に臨検させ，又は当該児童を捜索させることができる。　　（9条の3第1項）

(1)　許可状の請求

　　　児童虐待防止法に規定された児童の虐待が行われている疑いがあるときは，都道府県知事から，同法9条の3第1項に基づき，児童の安全の確認を行い又はその安全を確保するために，臨検捜索許可状の請求がなされることがある。

(2)　請求権者

　　　請求権者は，都道府県知事のほか地方自治法252条の19第1項の指定都市若しくは児童福祉法59条の4第1項の児童相談所設置市の長である。

(3)　資料の提出

> 　都道府県知事は，第1項の許可状を請求する場合においては，児童虐待が行われている疑いがあると認められる資料，臨検させようとする住所又は居所に当該児童が現在すると認められる資料及び当該児童の保護者が第9条第1項の規定による立入り又は調査を拒み，妨げ，又は忌避したことを証する資料を提出しなければならない。　　　　　　　　　　　　　　　　（同第3項）

　　ア　児童虐待が行われている疑いがあると認められる資料
　　　　近隣住民や保育所等の関係機関からの聞き取り調書，市町村における対応録の写し，児童相談所における児童記録表などが考えられる。
　　イ　臨検させようとする住所等に当該児童が現在すると認められる資料

児童の住民票写し，臨検する住居の写真などが考えられる。
(4)　許可状の記載

前項の請求があった場合においては，地方裁判所，家庭裁判所又は簡易裁判所の裁判官は，臨検すべき場所又は捜索すべき児童の氏名並びに有効期間，その期間経過後は執行に着手することができずこれを返還しなければならない旨，交付の年月日及び裁判所名を記載し，自己の記名押印した許可状を都道府県知事に交付しなければならない。　　　　　　　　　　　　　　　　（同第4項）

被疑事実の要旨は，許可状の記載要件ではない。
「児童の安全の確認を行い又はその安全を確保するため，児童の福祉に関する事務に従事する職員をして，下記のとおり臨検及び捜索をさせることを許可する。」
【書式例17の5】臨検捜索許可状（児童虐待防止法）
(5)　夜間執行の制限
　ア　夜間執行の制限

前条第1項の規定による臨検又は捜索は，許可状に夜間でもすることができる旨の記載がなければ，日没から日の出までの間には，してはならない。
　　　　　　　　　　　　　　　　　　　　　　　　　　　（9条の4第1項）

　イ　日没前から開始している場合

日没前に開始した前条第1項の規定による臨検又は捜索は，必要があると認めるときは，日没後まで継続することができる。　　　　　　　　（同第2項）

4　許可状の執行
(1)　許可状の提示

第9条の3第1項の規定による臨検又は捜索の許可状は，これらの処分を受ける者に提示しなければならない。　　　　　　　　　　　　　　　（9条の5）

(2)　責任者等の立会い

児童の福祉に関する事務に従事する職員は，第9条の3第1項の規定による臨検又は捜索をするときは，当該児童の住所若しくは居所の所有者若しくは管理者又は同居の親族で成年に達した者を立ち会わせなければならない。
　　　　　　　　　　　　　　　　　　　　　　　　　　　（9条の9第1項）

第8　行政手続に基づく令状のまとめ

項　目 法　律	任意調査	強制調査	資料提供	鑑定処分	夜間執行	告　発
国 税 通 則 法	131条	132条1，2項	4 項	147条	148条	155条等
関　　税　　法	119条	121条1，2項	4 項	136条	137条	145条等
地　方　税　法	22条の3	22条の4 第1，2項	4 項	22条の19	22条の20	22条の26
金融商品取引法	210条	211条1，2項	4 項	222条の3	212条	226条
独 占 禁 止 法	101条	102条1，2項	4 項	114条の3	104条	96条
出 入 国 管 理 法	27条	31条1項	3 項		35条	63条3項
児童虐待防止法	8条の2	9条の3第1項	3 項		9条の4	

第12章　引致状

第1　引致状
1　更生保護法の目的

> この法律は，犯罪をした者及び非行のある少年に対し，社会内において適切な処遇を行うことにより，再び犯罪をすることを防ぎ，又はその非行をなくし，これらの者が善良な社会の一員として自立し，改善更生することを助けるとともに，恩赦の適正な運用を図るほか，犯罪予防の活動の促進等を行い，もって，社会を保護し，個人及び公共の福祉を増進することを目的とする。
>
> （更生保護法1条）

2　引致の意義

引致とは，国家が強制力を用いて身体の自由を拘束した者を，裁判所，検察官，司法警察職員などの面前へ連行することである。引致は，強制力を用いるため強制引致ともいう。

3　引致状

引致状は，保護観察対象者に一定の事由がある場合に，保護観察所長等が保護観察対象者を引致（身柄の確保，勾引）するための令状である。

> 地方委員会又は保護観察所の長は，その職務を行うため必要があると認めるときは，保護観察対象者に対し，出頭を命ずることができる。
>
> （更生保護法63条1項）
>
> 保護観察所の長は，保護観察対象者について，次の各号のいずれかに該当すると認める場合には，裁判官のあらかじめ発する引致状により，当該保護観察対象者を引致することができる。
>
> 　一　正当な理由がないのに，第50条第1項第4号に規定する住居に居住しないとき（第51条第2項第5号の規定により宿泊すべき特定の場所を定められた場合には，当該場所に宿泊しないとき）。
>
> 　二　遵守事項を遵守しなかったことを疑うに足りる十分な理由があり，かつ，正当な理由がないのに，前項の規定による出頭の命令に応ぜず，又は応じないおそれがあるとき。　　　　　　　　　　（同条2項）
>
> 地方委員会は，少年院仮退院者又は仮釈放者について，前項各号のいずれかに該当すると認める場合には，裁判官のあらかじめ発する引致状により，当該

少年院仮退院者又は仮釈放者を引致することができる。　　　（同条3項）

第2　引致状の請求

引致状の請求先は，請求権者の所属する官公署の所在地を管轄する地方裁判所，家庭裁判所又は簡易裁判所の裁判官である。

第2項の引致状は保護観察所の長の請求により，前項の引致状は地方委員会の請求により，その所在地を管轄する地方裁判所，家庭裁判所又は簡易裁判所の裁判官が発する。　　　　　　　　　　　　　　　　　　　　（同条4項）

1　残刑期間

残刑期間が存することを確認する。

2　疎明資料

(1)　刑期終了日の確認

ア　保護観察の停止

引致状の請求時において，本来の刑期終了日が経過していたり，終了日が切迫している場合は，本来の刑期の終了前に刑期の進行が停止している事実（保護観察停止決定とその効力発生の事実）について疎明させる必要がある。

地方委員会は，保護観察所の長の申出により，仮釈放者の所在が判明しないため保護観察が実施できなくなったと認めるときは，決定をもって，保護観察を停止することができる。　　　　　　　　　　　　　　（更生保護法77条1項）

イ　決定の告知

前条の決定は，当該決定の対象とされた者に対し，これを告知することによって，その効力を生ずる。　　　　　　　　　　　（更生保護法27条1項）

決定書の謄本を，第1項の決定の対象とされた者が第50条第1項第4号の規定により居住すべき住居に宛てて，書留郵便又は民間事業者による信書の送達に関する法律第2条第6項に規定する一般信書便事業者若しくは同条第9項に規定する特定信書便事業者の提供する同条第2項に規定する信書便の役務のうち書留郵便に準ずるものとして法務大臣が定めるものに付して発送した場合においては，その発送の日から5日を経過した日に当該決定の対象とされた者に対する送付があったものとみなす。　　　　　　　　　　　　　（同条4項）

(2) 所在不明を理由とする引致状

　　所在不明を理由とする引致状の請求の場合は，地方更生保護委員会から保護観察所長宛の「観察停止決定通知書」及び「保護観察停止決定書」の写しが添付されているか確認する必要がある。

3　刑の時効

　　仮釈放者の所在が長期間にわたり不明で，引致状の発付が重ねられている事件については，保護観察停止決定の効力発生時から刑期の進行は停止するが，同時に刑自体の時効（刑法32条）の進行が開始するので，刑の時効が完成していないか確認する必要がある。

第3　引致状の発付

　　【書式例18】引致状

1　有効期間

　　仮釈放者が定められた住居を離れて所在不明となっている場合，保護観察所長等から，規則300条の7日間の執行は困難であるとして，初回から有効期間を2週間あるいは1か月として，引致状の請求がなされることがある。

　　請求書に添付の資料から，仮釈放者が所在不明であり，所定の住居に戻る可能性がほとんどないことが明らかであるときは，7日を超える有効期間を認めてもよい場合もあろう。

2　引致状の記載

　　「上記の者を引致することを許可する。」

書　式　例

逮　捕　状　（通常逮捕）

被　疑　者　の　氏　名	○　○　○　○
被　疑　者　の　年　齢 住　居　，　　職　業 逮　捕　を　許　可　す　る　罪　名 被　疑　事　実　の　要　旨 被疑者を引致すべき場所 請　求　者　の　官　公　職　氏　名	別紙逮捕状請求書のとおり
有　　効　　期　　間	令　和　○○　年　○　月　○○　日まで

　有効期間経過後は，この令状により逮捕に着手することができない。この場合には，これを当裁判所に返還しなければならない。
　有効期間内であっても，逮捕の必要がなくなったときは，直ちにこれを当裁判所に返還しなければならない。

　上記の被疑事実により，被疑者を逮捕することを許可する。
　　令　和　○○　年　○　月　○○　日
　　　東　京　簡　易　裁　判　所
　　　　　裁　判　官　　○　○　○　○

逮捕者の官公職氏名印	
逮　捕　の　年　月　日　時 及　　び　　場　　所	令　和　　　　年　　　　月　　　　日　午　　　　時　　　　分 で逮捕
引　致　の　年　月　日　時 及　　び　　場　　所	令　和　　　　年　　　　月　　　　日　午　　　　時　　　　分
記　　名　　押　　印	
送　致　す　る　手　続　を　し　た 年　　　月　　　日　　　時	令　和　　　　年　　　　月　　　　日　午　　　　時　　　　分
記　　名　　押　　印	
送致を受けた年月日時	令　和　　　　年　　　　月　　　　日　午　　　　時　　　　分
記　　名　　押　　印	

注意　本逮捕の際，同時に現場において捜索，差押え又は検証をすることができるが，
　　　被疑者の名誉を尊重し，かつ，なるべく他人に迷惑を及ぼさぬように注意を要する。
　　　なお，この令状によって逮捕された被疑者は，弁護人を選任することができる。

<table>
<tr><td colspan="2" align="center"><h1>逮　捕　状　（通常逮捕）</h1></td></tr>
<tr><td>被 疑 者 の 氏 名</td><td>不詳（年齢30歳位，身長165センチメートル位，逆三角形顔，切れ長の目，体格痩せ形，別紙逮捕状請求書(甲)添付写真の男）</td></tr>
<tr><td>被 疑 者 の 年 齢
住 居 ， 職 業
逮 捕 を 許 可 す る 罪 名
被 疑 事 実 の 要 旨
被疑者を引致すべき場所
請 求 者 の 官 公 職 氏 名</td><td>別紙逮捕状請求書のとおり</td></tr>
<tr><td>有 　 効 　 期 　 間</td><td>令 和 ○○ 年 ○ 月 ○○ 日まで</td></tr>
</table>

　有効期間経過後は，この令状により逮捕に着手することができない。この場合には，これを当裁判所に返還しなければならない。

　有効期間内であっても，逮捕の必要がなくなったときは，直ちにこれを当裁判所に返還しなければならない。

　　上記の被疑事実により，被疑者を逮捕することを許可する。
　　令 和 ○○ 年 ○ 月 ○○ 日
　　　　東 京 簡 易 裁 判 所
　　　　　　裁 判 官 　 ○ ○ ○ ○

逮捕者の官公職氏名印	
逮 捕 の 年 月 日 時 及 　 び 　 場 　 所	令 和 　 年 　 月 　 日 午 　 時 　 分 で逮捕
引 致 の 年 月 日 時 及 　 び 　 場 　 所	令 和 　 年 　 月 　 日 午 　 時 　 分
記 　 名 　 押 　 印	
送 致 す る 手 続 を し た 年 　 月 　 日 　 時	令 和 　 年 　 月 　 日 午 　 時 　 分
記 　 名 　 押 　 印	
送 致 を 受 け た 年 月 日 時	令 和 　 年 　 月 　 日 午 　 時 　 分
記 　 名 　 押 　 印	

注意　本逮捕の際，同時に現場において捜索，差押え又は検証をすることができるが，
　　　被疑者の名誉を尊重し，かつ，なるべく他人に迷惑を及ぼさぬように注意を要する。
　　　なお，この令状によって逮捕された被疑者は，弁護人を選任することができる。

逮捕状に代わるもの （通常逮捕）

被 疑 者 の 氏 名	○ ○ ○ ○
被 疑 者 の 住 居 罪　　　　　　　名 刑事訴訟法201条の2第1項の規定による請求に係る個人特定事項を明らかにしない方法により記載した被疑事実の要旨 被疑者を引致すべき場所 請 求 者 の 官 公 職 氏 名	別紙逮捕状に代わるものの交付請求書のとおり
逮 捕 状 の 有 効 期 間	令 和 ○○ 年 ○ 月 ○○ 日まで
逮捕状発付の年月日及びこ れ を 発 付 し た裁 判 官 の 氏 名	欄外記載の年月日及び裁判官の氏名に同じ

　逮捕状の有効期間経過後は，逮捕に着手することができない。この場合には，この書面を当裁判所に返還しなければならない。
　逮捕状の有効期間内であっても，逮捕の必要がなくなったときは，直ちにこの書面を当裁判所に返還しなければならない。

　この書面は，刑事訴訟法201条の2第2項の規定によるものである。

　　　令 和 ○○ 年 ○ 月 ○○ 日
　　　　東 京 簡 易 裁 判 所
　　　　　　　裁 判 官 　 ○ ○ ○ ○

【書式例2】 緊急逮捕状

<table>
<tr><td colspan="2" style="text-align:center">逮 捕 状 （緊急逮捕）</td></tr>
<tr><td>被 疑 者 の 氏 名</td><td>○ ○ ○ ○</td></tr>
<tr><td>被 疑 者 の 年 齢
住 居 ， 職 業
罪 名
被 疑 事 実 の 要 旨
請 求 者 の 官 公 職 氏 名
逮 捕 者 の 官 公 職 氏 名
逮 捕 の 年 月 日 時 及 び 場 所
引 致 の 年 月 日 時 及 び 場 所</td><td>別紙逮捕状請求書のとおり</td></tr>
<tr><td colspan="2">上記の被疑事実により，被疑者の逮捕を認める。
　令 和 ○○ 年 ○ 月 ○○ 日
　　　　東 京 簡 易 裁 判 所
　　　　　　裁 判 官 　○ ○ ○ ○</td></tr>
<tr><td>送 致 す る 手 続 を し た
年 　月 　日 　時</td><td>令 和 　　年 　　月 　　日 午 　　時 　　分</td></tr>
<tr><td>記 　名 　押 　印</td><td></td></tr>
<tr><td>送 致 を 受 け た 年 月 日 時</td><td>令 和 　　年 　　月 　　日 午 　　時 　　分</td></tr>
<tr><td>記 　名 　押 　印</td><td></td></tr>
</table>

注意　なお，この令状によって逮捕された被疑者は，弁護人を選任することができる。

【書式例3】 勾引状

<table>
<tr><td colspan="3" style="text-align:center"><h1>勾 引 状</h1></td></tr>
<tr>
<td rowspan="4">被 告 人</td>
<td>氏 名</td>
<td>○ ○ ○ ○</td>
</tr>
<tr>
<td>年 齢</td>
<td>平成○○年○月○日生</td>
</tr>
<tr>
<td>住 居</td>
<td>東京都○○区○○町○丁目○番○号</td>
</tr>
<tr>
<td>職 業</td>
<td>○ ○</td>
</tr>
<tr>
<td colspan="3">被告人に対する　○○　被告事件について，同人を当裁判所に勾引する。</td>
</tr>
<tr>
<td colspan="2">公 訴 事 実 の 要 旨</td>
<td>別紙起訴状写し記載の公訴事実のとおり</td>
</tr>
<tr>
<td colspan="2">有 効 期 間</td>
<td>令 和 ○○ 年 ○ 月 ○○ 日まで</td>
</tr>
<tr>
<td colspan="3">この令状は，有効期間経過後は，その執行に着手することができない。この場合には，これを当裁判所に返還しなければならない。</td>
</tr>
<tr>
<td colspan="3">令 和 ○○ 年 ○ 月 ○○ 日
東 京 簡 易 裁 判 所
裁 判 官 　○ ○ ○ ○</td>
</tr>
<tr>
<td colspan="2">執 行 し た 年 月 日 時
及 び 場 所</td>
<td>令 和 　 年 　 月 　 日 午 　 時 　 分</td>
</tr>
<tr>
<td colspan="2">記 名 押 印</td>
<td></td>
</tr>
<tr>
<td colspan="2">執 行 す る こ と が
で き な か っ た と き は
そ の 事 由</td>
<td></td>
</tr>
<tr>
<td colspan="2">記 名 押 印</td>
<td>令 和 　 年 　 月 　 日</td>
</tr>
<tr>
<td colspan="2">引 致 さ れ た 年 月 日 時</td>
<td>令 和 　 年 　 月 　 日 午 　 時 　 分
裁判所書記官</td>
</tr>
</table>

勾　　留　　状		
被　疑　者	氏　　名	○　○　○　○
	年　　齢	平成○○年○月○日生
	住　　居	東京都○○区○○町○丁目○番○号
	職　　業	会社員

　　被疑者に対する　　○○　　被疑事件について，同人を警視庁○○警察署留置施設に勾留する。

被 疑 事 実 の 要 旨	別紙のとおり
刑 事 訴 訟 法 6 0 条 1 項 各 号 に 定 め る 事 由	次葉のとおり
有　　効　　期　　間	令 和 ○○ 年 ○ 月 ○○ 日まで

　　この令状は，有効期間経過後は，その執行に着手することができない。この場合には，これを当裁判所に返還しなければならない。

　　　　令 和 ○○ 年 ○ 月 ○○ 日
　　　　　　東 京 簡 易 裁 判 所
　　　　　　　　裁 判 官 　○　○　○　○

勾 留 請 求 の 年 月 日	令 和 ○○ 年 ○ 月 ○○ 日
執 行 し た 年 月 日 時 及 　 び 　 場 　 所	令 和 　 年 　 月 　 日 午 　 時 　 分
記 　 名 　 押 　 印	
執 行 す る こ と が で き な か っ た と き は そ の 事 由	
記 　 名 　 押 　 印	令 和 　 年 　 月 　 日
勾 留 し た 年 月 日 時 及 　 び 　 取 　 扱 　 者	令 和 　 年 　 月 　 日 午 　 時 　 分

勾留状に代わるもの

被　疑　者	氏　名	○　○　○　○
	年　齢	平成○○年○月○日生
	住　居	
	職　業	

被疑者に対する　　　　　　　　　　　　　　　　　　被疑事件
について，同人を　○○　警察署留置施設に勾留する。

刑事訴訟法207条の2第1項の規定による請求に係る個人特定事項を明らかにしない方法により記載した被疑事実の要旨	別紙のとおり
刑事訴訟法207条の2第2項の規定による措置に係る者が同法201条の2第1項1号イ，ロ若しくはハ(1)若しくは(2)又は第2号イ若しくはロのいずれに該当するかの別	□同項1号イ　□同項1号ロ　□同項1号ハ(1) □同項1号ハ(2) □同項2号イ　□同項2号ロ 　　　※　□にレを入れたものに該当する。
刑事訴訟法60条1項各号に定める事由	裏面のとおり
勾留状の有効期間	令　和　○○　年　○　月　○○　日まで
勾留状発付の年月日及びこれを発付した裁判官の氏名	欄外記載の年月日及び裁判官の氏名に同じ
勾留状の有効期間経過後は，その執行に着手することができない。この場合には，この書面を当裁判所に返還しなければならない。	
勾留請求の年月日	令　和　○○　年　○　月　○○　日

（被疑者用）

この書面は，刑事訴訟法207条の2第2項の規定によるものである。

令　和　○○　年　○　月　○○　日
東　京　簡　易　裁　判　所
裁　判　官　　○　○　○　○

<table>
<tr><td colspan="3" style="text-align:center"><h1>観　　護　　状</h1></td></tr>
<tr>
<td rowspan="4">少　　年</td>
<td>氏　　名</td>
<td>○　○　○　○</td>
</tr>
<tr>
<td>年　　齢</td>
<td>○○　歳(平成　○　年　○　月　○○　日生)</td>
</tr>
<tr>
<td>住　　居</td>
<td>東京都○○区○○町○丁目○番○号○○マンション○○号室</td>
</tr>
<tr>
<td>職　　業</td>
<td>高校生</td>
</tr>
<tr>
<td colspan="3">　少年に対する　○　○　被疑事件について,同人を　○　○　少年鑑別所に送致する。</td>
</tr>
<tr>
<td colspan="2">被　疑　事　実　の　要　旨</td>
<td>別紙のとおり</td>
</tr>
<tr>
<td colspan="2">刑　事　訴　訟　法　60条　1　項
各　号　に　定　め　る　事　由</td>
<td>裏面のとおり</td>
</tr>
<tr>
<td colspan="2">有　　効　　期　　間</td>
<td>令　和　○○　年　○　月　○○　日まで</td>
</tr>
<tr>
<td colspan="3">　この令状は,有効期間経過後は,その執行に着手することができない。この場合には,これを当裁判所に返還しなければならない。</td>
</tr>
<tr>
<td colspan="3">　　　令　和　○○　年　○　月　○○　日
　　　　　東　京　簡　易　裁　判　所
　　　　　　　裁　判　官　　○　○　○　○</td>
</tr>
<tr>
<td colspan="2">請　求　の　年　月　日</td>
<td>令　和　○○　年　○　月　○○　日</td>
</tr>
<tr>
<td colspan="2">執　行　し　た　年　月　日　時
及　　　び　　　場　　　所</td>
<td>令　和　　　年　　　月　　　日午　　　時　　　分</td>
</tr>
<tr>
<td colspan="2">記　　名　　押　　印</td>
<td></td>
</tr>
<tr>
<td colspan="2">執　行　す　る　こ　と　が　で　き　な
か　っ　た　と　き　は　そ　の　事　由</td>
<td></td>
</tr>
<tr>
<td colspan="2">記　　名　　押　　印</td>
<td>令　和　　　年　　　月　　　日</td>
</tr>
<tr>
<td colspan="2">収　容　し　た　年　月　日　時
及　　び　　取　　扱　　者</td>
<td>令　和　　　年　　　月　　　日午　　　時　　　分</td>
</tr>
</table>

鑑 定 留 置 状

被 疑 者	氏 名 年 齢 住 居 職 業	○ ○ ○ ○ 平成○○年○月○日生 東京都○○区○○町○丁目○番○号 無 職
罪　　　　　名		○ ○
被 疑 事 実 の 要 旨		別紙のとおり
留 置 す べ き 場 所		東京都○○区○○町○丁目○番○号 警視庁本部留置施設○○分室
留 置 の 期 間		令和○○年○月○○日から 令和○○年○月○○日　午後2時まで
鑑 定 の 目 的		1　本件犯行当時における被疑者の精神障害の存否（存在する場合はその症病名） 2　1が存在する場合，その精神障害は本件犯行にいかなる影響を与えたか。 3　1が存在する場合，犯行当時における被疑者の善悪の判断能力及びその判断に従って行動する能力の有無並びにその程度。 4　その他参考事項
有 効 期 間		令 和 ○○ 年 ○ 月 ○○ 日まで

　この令状は，有効期間経過後は，その執行に着手することができない。この場合には，これを当裁判所に返還しなければならない。

　上記被疑事件について，鑑定のため被疑者を留置する。
　　令 和 ○○ 年 ○ 月 ○○ 日
　　　　東 京 簡 易 裁 判 所
　　　　　　裁 判 官　○ ○ ○ ○

執 行 し た 年 月 日 時 及 び 場 所	令 和　　　年　　　月　　　日 午　　　時　　　分
記 名 押 印	
執 行 す る こ と が で き な かった と き は そ の 事 由	
記 名 押 印	令 和　　　年　　　月　　　日
留 置 し た 年 月 日 時 及 び 取 扱 者	令 和　　　年　　　月　　　日 午　　　時　　　分

捜索差押許可状

被 疑 者 の 氏 名 及 び 年 齢	○ ○ ○ ○ 平成○○年○月○○日生
罪 名	覚醒剤取締法違反
捜 索 す べ き 場 所, 身 体 又 は 物	別紙のとおり
差 し 押 さ え る べ き 物	別紙のとおり
請 求 者 の 官 公 職 氏 名	司法警察員 警部 ○ ○ ○ ○
有 効 期 間	令 和 ○○ 年 ○ 月 ○○ 日まで

　有効期間経過後は, この令状により捜索又は差押えに着手することができない。この場合には, これを当裁判所に返還しなければならない。
　有効期間内であっても, 捜索又は差押えの必要がなくなったときは, 直ちにこれを当裁判所に返還しなければならない。

　被疑者に対する上記の被疑事件について, 上記のとおり捜索及び差押えをすることを許可する。
　　令 和 ○○ 年 ○ 月 ○○ 日
　　　　　東 京 簡 易 裁 判 所
　　　　　　　裁 判 官 ○ ○ ○ ○

この許可状は, 日出前又は日没後でも執行することができる。 裁判官

捜索差押許可状

被 疑 者 の 氏 名 及 び 年 齢	○ ○ ○ ○ 　　　　　　　　　　平成○○年○月○○日生
罪　　　　　　　名	覚醒剤取締法違反
捜 索 す べ き 場 所, 身 体 又 は 物	被疑者の身体
差 し 押 さ え る べ き 物	被疑者の尿
捜 索 差 押 え に 関 す る 条 件	1　強制採尿は，医師をして医学的に相当と認められる 　　方法により行わせなければならない。 2　強制採尿のために必要があるときは，被疑者を 　東京都豊島区池袋○丁目○番○号医療法人社団 　○○○○病院 　　又は採尿に適する最寄りの場所まで連行することが 　できる。
請 求 者 の 官 公 職 氏 名	司法警察員　警部　　○　○　○　○
有　　効　　期　　間	令 和 ○○ 年 ○ 月 ○○ 日まで

　有効期間経過後は，この令状により捜索又は差押えに着手することができない。この場合には，これを当裁判所に返還しなければならない。
　有効期間内であっても，捜索又は差押えの必要がなくなったときは，直ちにこれを当裁判所に返還しなければならない。

　被疑者に対する上記の被疑事件について，上記のとおり捜索及び差押えをすることを許可する。
　　　令 和 ○○ 年 ○ 月 ○○ 日
　　　　　東 京 簡 易 裁 判 所
　　　　　　　裁 判 官　　○　○　○　○

【書式例8の1】 強制採血令状（鑑定処分許可状）

鑑定処分許可状

被 疑 者 の 氏 名 及 び 年 齢		○ ○ ○ ○ 平成○○年○月○○日生
罪 名		道路交通法違反
鑑 定 人	氏 名	医療法人○○会○○クリニック 　医師 ○ ○ ○ ○ 警視庁科学捜査研究所 　法医研究員 ○ ○ ○ ○
	職 業	
立 ち 入 る べ き 場 所, 検 査 す べ き 身 体, 解 剖 す べ き 死 体, 発 掘 す べ き 墳 墓 又 は 破 壊 す べ き 物		被疑者の身体（血液）
身 体 の 検 査 に 関 す る 条 件		医学的に相当と認められる方法により，４ミリリットル を超えない量の血液を採取すること。
請 求 者 の 官 公 職 氏 名		司法警察員　警部　○ ○ ○ ○
有 効 期 間		令 和 ○○ 年 ○ 月 ○○ 日まで

　有効期間経過後は，この令状により許可された処分に着手することができない。この場合には，これを当裁判所に返還しなければならない。

　被疑者に対する上記の被疑事件について，鑑定人が上記の処分をすることを許可する。
　　令 和 ○○ 年 ○ 月 ○○ 日
　　　　東 京 簡 易 裁 判 所
　　　　　　裁 判 官 ○ ○ ○ ○

身体検査令状

被　疑　者　の　氏　名 及　　び　　年　　齢	○　○　○　○ 　　　　　　　　　平成○○年○月○○日生
罪　　　　　　　　　　名	道路交通法違反
検　査　す　べ　き　身　体	被疑者の身体
身　体　の　検　査 に　関　す　る　条　件	医師をして医学的に相当と認められる方法により，４ミリリットルを超えない量の血液を採取するに必要な限度。

　身体の検査を受ける者が正当な理由がなく身体の検査を拒んだときは，10万円以下の過料又は10万円以下の罰金若しくは拘留に処せられ，あるいは罰金と拘留を併科されることがある。

請求者の官公職氏名	司法警察員　警部　　○　○　○　○
有　　効　　期　　間	令　和　○○　年　○　月　○○　日まで

　有効期間経過後は，この令状により身体の検査をすることができない。この場合には，これを当裁判所に返還しなければならない。
　有効期間内であっても，身体の検査の必要がなくなったときは，直ちにこれを当裁判所に返還しなければならない。

　被疑者に対する上記の被疑事件について，上記の者の身体の検査を許可する。
　　令　和　○○　年　○　月　○○　日
　　　東　京　簡　易　裁　判　所
　　　　　　　裁　判　官　　○　○　○　○

【書式例9の1】 毛髪の強制採取令状（鑑定処分許可状）

鑑定処分許可状

被 疑 者 の 氏 名 及 び 年 齢	○ ○ ○ ○ 平成○○年○月○○日生	
罪　　　　　　　名	覚醒剤取締法違反	
鑑 定 人	氏　　　名	○ ○ ○ ○
	職　　　業	警視庁科学捜査研究所　薬物研究員
立 ち 入 る べ き 場 所, 検 査 す べ き 身 体, 解 剖 す べ き 死 体, 発 掘 す べ き 墳 墓 又 は 破 壊 す べ き 物	被疑者の身体 (毛髪)	
身 体 の 検 査 に 関 す る 条 件	毛髪の採取は, 約50本を, 頭部外貌に醜状を生じさせないように根元から切り取ること。	
請 求 者 の 官 公 職 氏 名	司法警察員　警部　○ ○ ○ ○	
有　　効　　期　　間	令 和 ○○ 年 ○ 月 ○○ 日まで	

　有効期間経過後は, この令状により許可された処分に着手することができない。この場合には, これを当裁判所に返還しなければならない。

　被疑者に対する上記の被疑事件について, 鑑定人が上記の処分をすることを許可する。
　　　　令 和 ○○ 年 ○ 月 ○○ 日
　　　　　　　東 京 簡 易 裁 判 所
　　　　　　　　　　裁 判 官 ○ ○ ○ ○

身体検査令状

被 疑 者 の 氏 名及 び 年 齢	○　○　○　○　　　　　　　　　　　平成○○年○月○○日生
罪　　　　　　　　名	覚醒剤取締法違反
検 査 す べ き 身 体	被疑者の身体
身 体 の 検 査に 関 す る 条 件	毛髪の採取は,約50本を,頭部外貌に醜状を生じさせないように根元から切り取ること。

　身体の検査を受ける者が正当な理由がなく身体の検査を拒んだときは，10万円以下の過料又は10万円以下の罰金若しくは拘留に処せられ，あるいは罰金と拘留を併科されることがある。

請求者の官公職氏名	司法警察員　警部　　○　○　○　○
有　　効　　期　　間	令 和 ○○ 年 ○ 月 ○○ 日まで

　有効期間経過後は，この令状により身体の検査をすることができない。この場合には，これを当裁判所に返還しなければならない。
　有効期間内であっても，身体の検査の必要がなくなったときは，直ちにこれを当裁判所に返還しなければならない。

　被疑者に対する上記の被疑事件について，上記の者の身体の検査を許可する。
　　令 和 ○○ 年 ○ 月 ○○ 日
　　　　東 京 簡 易 裁 判 所
　　　　　　裁 判 官　　○　○　○　○

捜索差押許可状

被疑者の氏名及び年齢	○　○　○　○　　　　　　　　　　　　　平成○○年○月○○日生
罪　　　　　名	強制わいせつ
捜索すべき場所,身体又は物	被疑者の両手指, 両手掌及び両手背部
差し押さえるべき物	被疑者の両手指, 両手掌及び両手背部に付着した繊維片, 皮膚片及び体液等の微物
請求者の官公職氏名	司法警察員　警部　　○　○　○　○
有　効　期　間	令　和　○○　年　○　月　○○　日まで

　有効期間経過後は, この令状により捜索又は差押えに着手することができない。この場合には, これを当裁判所に返還しなければならない。
　有効期間内であっても, 捜索又は差押えの必要がなくなったときは, 直ちにこれを当裁判所に返還しなければならない。

　被疑者に対する上記の被疑事件について, 上記のとおり捜索及び差押えをすることを許可する。
　　　令　和　○○　年　○　月　○○　日
　　　　　　東　京　簡　易　裁　判　所
　　　　　　　　裁　判　官　　○　○　○　○

捜索差押許可状

犯則嫌疑者の氏名及び年齢（法人については、名称）	不詳
罪　名	関税法違反
捜索すべき身体，物件若しくは場所	東京都○○区○○町○丁目○番○号○○ビル内 航空貨物（運送状番号○○○○）を受領した者が使用する場所及び共用部分
差し押さえるべき物件	別紙のとおり
請求者の官公職氏名	東京税関　税関職員　財務事務官　○　○　○　○
有　効　期　間	令和　○○　年　○　月　○○　日まで

　有効期間経過後は，この令状により捜索又は差押えに着手することができない。この場合には，これを当裁判所に返還しなければならない。
　有効期間内であっても，捜索又は差押えの必要がなくなったときは，直ちにこれを当裁判所に返還しなければならない。

　犯則嫌疑者に対する上記犯則嫌疑事件について，上記のとおり捜索及び差押えをすることを許可する。
　　令　和　○○　年　○　月　○○　日
　　　　東　京　簡　易　裁　判　所
　　　　　　裁　判　官　　○　○　○　○

記録命令付差押許可状

被 疑 者 の 氏 名 及 び 年 齢	○　○　○　○ 　　　　　　　　　　　　平成○○年○月○○日生

　被疑者に対する犯罪による収益の移転防止に関する法律違反被疑事件について，下記のとおり記録命令付差押えをすることを許可する。

記 録 さ せ 又 は 印 刷 させるべき電磁的記録	別紙のとおり
電磁的記録を記録させ 又は印刷させるべき者	別紙のとおり
有　　効　　期　　間	令 和 ○○ 年 ○ 月 ○○ 日まで

　有効期間経過後は，この令状により記録命令付差押えに着手することができない。この場合には，これを当裁判所に返還しなければならない。
　有効期間内であっても，記録命令付差押えの必要がなくなったときは，直ちにこれを当裁判所に返還しなければならない。

	令 和 ○○ 年 ○ 月 ○○ 日 　　　　東 京 簡 易 裁 判 所 　　　　　　裁 判 官　　○　○　○　○
請 求 者 の 官 公 職 氏 名	司法警察員　警部　○　○　○　○

捜査差押許可状

被　疑　者　の　氏　名及　　び　　年　　齢	○　○　○　○　　　　　　　　　　　　平成○○年○月○○日生

　被疑者に対する犯罪による収益の移転防止に関する法律違反被疑事件について，下記のとおり捜査及び差押えをすることを許可する。

捜　査　す　べ　き　場　所，身　体　又　は　物	別紙のとおり
差し押さえるべき物	別紙のとおり
差し押さえるべき電子計算機に電気通信回線で接続している記録媒体であって，その電磁的記録を複写すべきものの範囲	別紙のとおり
有　　効　　期　　間	令　和　○○　年　○　月　○○　日まで

　有効期間経過後は，この令状により捜索又は差押えに着手することができない。この場合には，これを当裁判所に返還しなければならない。
　有効期間内であっても，捜索又は差押えの必要がなくなったときは，直ちにこれを当裁判所に返還しなければならない。

　　令　和　○○　年　○　月　○○　日
　　　　　東　京　簡　易　裁　判　所
　　　　　　　裁　判　官　　○　○　○　○

請　求　者　の　官　公　職　氏　名	司法警察員　警部　○　○　○　○

検証許可状

被　疑　者　の　氏　名 及　　　び　　　年　　　齢	○　○　○　○ 　　　　　　　　　平成○○年○月○○日生
罪　　　　　　　　　名	詐　欺
検証すべき場所又は物	別紙のとおり
請　求　者　の　官　公　職　氏　名	司法警察員　警部　○　○　○　○
有　　　効　　　期　　　間	令　和　○○　年　○　月　○○　日まで

　有効期間経過後は，この令状により検証に着手することができない。この場合には，これを当裁判所に返還しなければならない。
　有効期間内であっても，検証の必要がなくなったときは，直ちにこれを当裁判所に返還しなければならない。

　被疑者に対する上記の被疑事件について，上記のとおり検証をすることを許可する。
　　令　和　○○　年　○　月　○○　日
　　　　　　東　京　簡　易　裁　判　所
　　　　　　　　裁　判　官　○　○　○　○

検証許可状

被 疑 者 の 氏 名 及 び 年 齢	○ ○ ○ ○ 平成○○年○月○○日生
罪 名	強盗致傷
検証すべき場所又は物	1 検証すべき場所又は物 電話番号０９０－○○○○－○○○○の携帯電話端末 2 検証内容 上記携帯電話端末のGPS機能を作動させGPS位置情報を取得し，そのGPS位置情報を東京都○○区○○町○丁目○番○号株式会社○○に設置された○○サービスの仕組みを利用してGPS位置情報を取得するための位置情報取得システムのコンピュータ端末に送信させて検証する。 3 検証期間 令和○○年○月○○日から同月○○日までの間 ただし午前9時30分から午後5時までに限る。
請 求 者 の 官 公 職 氏 名	司法警察員 警部 ○ ○ ○ ○
有 効 期 間	令 和 ○○ 年 ○ 月 ○○ 日まで

　有効期間経過後は，この令状により検証に着手することができない。この場合には，これを当裁判所に返還しなければならない。
　有効期間内であっても，検証の必要がなくなったときは，直ちにこれを当裁判所に返還しなければならない。

　被疑者に対する上記の被疑事件について，上記のとおり検証をすることを許可する。
　　令 和 ○○ 年 ○ 月 ○○ 日
　　　　東 京 簡 易 裁 判 所
　　　　　　裁 判 官 ○ ○ ○ ○

身体検査令状

被 疑 者 の 氏 名 及 び 年 齢	○　○　○　○ 　　　　　　　　　　平成○○年○月○○日生
罪　　　　　　　名	窃　　盗
検 査 す べ き 身 体	被疑者の顔面等の計測並びに被疑者の写真撮影
身 体 の 検 査 に 関 す る 条 件	本件犯行場所等で撮影された防犯ビデオテープ等の写真と被疑者が同一人であるか否かを鑑定するため，被疑者にビデオ画像と同一の姿勢をさせること。

　身体の検査を受ける者が正当な理由がなく身体の検査を拒んだときは，10万円以下の過料又は10万円以下の罰金若しくは拘留に処せられ，あるいは罰金と拘留を併科されることがある。

請 求 者 の 官 公 職 氏 名	司法警察員　警部　○　○　○　○
有　　効　　期　　間	令 和 ○○ 年 ○ 月 ○○ 日まで

　有効期間経過後は，この令状により身体の検査をすることができない。この場合には，これを当裁判所に返還しなければならない。
　有効期間内であっても，身体の検査の必要がなくなったときは，直ちにこれを当裁判所に返還しなければならない。

　被疑者に対する上記の被疑事件について，上記の者の身体の検査を許可する。
　　　令 和 ○○ 年 ○ 月 ○○ 日
　　　　　東 京 簡 易 裁 判 所
　　　　　　　裁 判 官　　○　○　○　○

身体検査令状

被 疑 者 の 氏 名 及 び 年 齢	○　○　○　○　　　　　　　　　平成○○年○月○○日生
罪　　　　　　　名	詐　欺
検 査 す べ き 身 体	被疑者の身体
身 体 の 検 査 に 関 す る 条 件	令和○年○月○日付け○○警察署司法警察員警部○○○○作成の捜索差押調書（甲）の押収品目録第１号物件であるスマートフォンに搭載されたカメラシステムに，被疑者の顔面部を正体，注視させること。

　身体の検査を受ける者が正当な理由がなく身体の検査を拒んだときは，10万円以下の過料又は10万円以下の罰金若しくは拘留に処せられ，あるいは罰金と拘留を併科されることがある。

請 求 者 の 官 公 職 氏 名	司法警察員　警部　○　○　○　○
有　　効　　期　　間	令 和 ○○ 年 ○ 月 ○○ 日まで

　有効期間経過後は，この令状により身体の検査をすることができない。この場合には，これを当裁判所に返還しなければならない。
　有効期間内であっても，身体の検査の必要がなくなったときは，直ちにこれを当裁判所に返還しなければならない。

　被疑者に対する上記の被疑事件について，上記の者の身体の検査を許可する。
　　令 和 ○○ 年 ○ 月 ○○ 日
　　　　東 京 簡 易 裁 判 所
　　　　　　裁 判 官 　○　○　○　○

鑑定処分許可状

被 疑 者 の 氏 名 及 び 年 齢		○　○　○　○ 　　　　　　　　　　平成○○年○月○○日生
罪　　　　　　　名		窃　　盗
鑑 定 人	氏　　　名	○　○　○　○
	職　　　業	警視庁科学捜査研究所　物理研究員
立 ち 入 る べ き 場 所, 検 査 す べ き 身 体, 解 剖 す べ き 死 体, 発 掘 す べ き 墳 墓 又 は 破 壊 す べ き 物		被疑者の身体
身 体 の 検 査 に 関 す る 条 件		本件犯行場所等で撮影された防犯ビデオテープ等の写真 と被疑者が同一人であるか否かを鑑定するため，被疑者 にビデオ画像と同一の姿勢をさせること。
請 求 者 の 官 公 職 氏 名		司法警察員　警部　○　○　○　○
有　　効　　期　　間		令 和 ○○ 年 ○ 月 ○○ 日まで

　有効期間経過後は，この令状により許可された処分に着手することができない。この場合には，これを当裁判所に返還しなければならない。

　被疑者に対する上記の被疑事件について，鑑定人が上記の処分をすることを許可する。
　　令 和 ○○ 年 ○ 月 ○○ 日
　　　　東 京 簡 易 裁 判 所
　　　　　　裁 判 官 ○　○　○　○

鑑定処分許可状

被 疑 者 の 氏 名 及 び 年 齢		○　○　○　○ 　　　　　　　　　　平成○○年○月○○日生
罪　　　　　　　名		窃　　盗
鑑 定 人	氏　　　名	○　○　○　○
	職　　　業	医　師
立 ち 入 る べ き 場 所, 検 査 す べ き 身 体, 解 剖 す べ き 死 体, 発 掘 す べ き 墳 墓 又 は 破 壊 す べ き 物		被疑者の身体
身 体 の 検 査 に 関 す る 条 件		直接身体に触れての触診, 打診及び瞳孔の反応を検査すること。
請 求 者 の 官 公 職 氏 名		検察官　検事　○　○　○　○
有　　効　　期　　間		令 和 ○○ 年 ○ 月 ○○ 日まで

　有効期間経過後は, この令状により許可された処分に着手することができない。この場合には, これを当裁判所に返還しなければならない。

　被疑者に対する上記の被疑事件について, 鑑定人が上記の処分をすることを許可する。
　　　令 和 ○○ 年 ○ 月 ○○ 日
　　　　　　東 京 簡 易 裁 判 所
　　　　　　　　裁 判 官 　○　○　○　○

【書式例16の3】 鑑定処分許可状（嚥下物の捜索差押え）

鑑定処分許可状

被 疑 者 の 氏 名 及 び 年 齢	○ ○ ○ ○ 平成○○年○月○○日生	
罪 名	窃 盗	
鑑 定 人	氏 名	医療法人○○会○○クリニック
	職 業	医師 ○ ○ ○ ○
立 ち 入 る べ き 場 所, 検 査 す べ き 身 体, 解 剖 す べ き 死 体, 発 掘 す べ き 墳 墓 又 は 破 壊 す べ き 物	被疑者の身体（体腔内）	
身 体 の 検 査 に 関 す る 条 件	医学的に相当と認められる方法によりレントゲン検査機器や下剤（吐剤）を使用して体腔内の検査及び異物の採取を行うこと。	
請 求 者 の 官 公 職 氏 名	司法警察員 警部 ○ ○ ○ ○	
有 効 期 間	令 和 ○○ 年 ○ 月 ○○ 日まで	

　有効期間経過後は，この令状により許可された処分に着手することができない。この場合には，これを当裁判所に返還しなければならない。

　被疑者に対する上記の被疑事件について，鑑定人が上記の処分をすることを許可する。
　　令 和 ○○ 年 ○ 月 ○○ 日
　　　　東 京 簡 易 裁 判 所
　　　　　　裁 判 官 ○ ○ ○ ○

臨検捜索差押許可状

犯則嫌疑者の氏名及び年齢（法人については，名称）	株式会社 ○ ○ ○ ○ 　（代表取締役○○○○） ○ ○ ○ ○ （平成○○年○月○○日生）
罪名	法人税法違反
臨検すべき物件若しくは場所又は捜索すべき身体，物件若しくは場所	東京都千代田区麹町○丁目○番地○ 株式会社 ○ ○ ○ ○ 　本社事務所
差し押さえるべき物件	本件法人税法違反嫌疑事件に関係あると認められる帳簿，書類，日記帳，手帳，住所録，往復文書，名刺，メモ，預貯金通帳，同証書，現金，有価証券，権利証，旅券，宝石，貴金属，書画骨とう，印章，ゴム印，鍵，写真，録音テープ，ビデオテープ，キャッシュカード等のカード類，コンピュータ等の電子機器，メモリーカード等の電磁的記録媒体
請求者の官職氏名	東京国税局 　財務事務官 ○ ○ ○ ○
有効期間	令 和 ○○ 年 ○ 月 ○○ 日まで

　有効期間経過後は，この令状により臨検，捜索又は差押えに着手することができない。この場合には，これを当裁判所に返還しなければならない。
　有効期間内であっても，臨検，捜索又は差押えの必要がなくなったときは，直ちにこれを当裁判所に返還しなければならない。

　犯罪嫌疑者に対する上記犯則嫌疑事件について，上記のとおり臨検，捜索及び差押えをすることを許可する。
　　令 和 ○○ 年 ○ 月 ○○ 日
　　　　東 京 簡 易 裁 判 所
　　　　　　裁 判 官 ○ ○ ○ ○

臨検捜索差押許可状

犯 則 嫌 疑 者 の 氏 名 又 は 名 称	○　○　○　○ 平成○○年○月○○日生
罪　　　　　　　名	金融商品取引法違反
臨 検 す べ き 物 件 又 は 場 所，捜 索 す べ き 身 体，物 件 又 は 場 所	東京都千代田区麹町○丁目○番地○ 株式会社　○　○　○　○　　　本社事務所
差 し 押 さ え る べ き 物 件	別紙のとおり
請 求 者 の 官 職 氏 名	主任証券取引特別調査官 ○　○　○　○
有　　効　　期　　間	令 和 ○○ 年 ○ 月 ○○ 日まで

　有効期間経過後は，この令状により臨検，捜索又は差押えに着手することができない。この場合には，これを当裁判所に返還しなければならない。
　有効期間内であっても，臨検，捜索又は差押えの必要がなくなったときは，直ちにこれを当裁判所に返還しなければならない。

　犯罪嫌疑者に対する上記犯則嫌疑事件について，上記のとおり臨検，捜索及び差押えをすることを許可する。
　　令 和 ○○ 年 ○ 月 ○○ 日
　　　　東 京 簡 易 裁 判 所
　　　　　　裁 判 官　○　○　○　○

臨検捜索差押許可状

犯則嫌疑者の氏名・年齢又は名称	○○建設株式会社（代表取締役○○○○）外2名

犯則嫌疑者に対する私的独占の禁止及び公正取引の確保に関する法律犯則事件について，下記のとおり臨検，捜索及び差押えをすることを許可する。

犯 則 事 実	別紙1記載のとおり
臨検すべき場所，捜索すべき場所，身体又は物件	○○県○○市○○町○丁目○番○号○○○○マンション○号室 ○○○○ 居宅及び付属施設
差し押さえるべき物件	別紙2記載のとおり
有 効 期 間	令和 ○○ 年 ○ 月 ○○ 日まで

有効期間経過後は，この令状により臨検，捜索又は差押えに着手することができない。この場合には，これを当裁判所に返還しなければならない。

有効期間内であっても，臨検，捜索又は差押えの必要がなくなったときは，直ちにこれを当裁判所に返還しなければならない。

令 和 ○○ 年 ○ 月 ○○ 日
東 京 簡 易 裁 判 所
裁 判 官 ○ ○ ○ ○

請 求 者 の 官 職 氏 名	公正取引委員会事務総局審査局犯則審査部 内閣府事務官 ○ ○ ○ ○

この許可状は，日出前又は日没後でも執行することができる。 裁判官

臨検捜索押収許可状

容 疑 者 の 氏 名	○ ○ ○ ○
容 疑 事 件 名	出入国管理及び難民認定法違反
臨 検 す べ き 場 所，捜索すべき身体又は物件	別紙のとおり
押 収 す べ き 物 件	別紙のとおり
請 求 者 の 官 公 職 氏 名	入国警備官 警備長 ○ ○ ○ ○
有 効 期 間	令 和 ○○ 年 ○ 月 ○○ 日まで

　有効期間経過後は，この令状により臨検，捜索又は押収に着手することができない。この場合には，これを当裁判所に返還しなければならない。
　有効期間内であっても，臨検，捜索又は押収の必要がなくなったときは，直ちにこれを当裁判所に返還しなければならない。

　容疑者に対する上記容疑事件について，上記のとおり臨検，捜索及び押収をすることを許可する。
　　　令 和 ○○ 年 ○ 月 ○○ 日
　　　　　東 京 簡 易 裁 判 所
　　　　　　　　裁 判 官 　○ ○ ○ ○

臨検捜索許可状

保護者の氏名及び年齢	○　○　○　○ 平成○○年○月○○日生

　児童の安全の確認を行い又はその安全を確保するため，児童の福祉に関する事務に従事する職員をして，下記のとおり臨検及び捜索をさせることを許可する。

臨検捜索すべき場所	○○市○○町○番○号○○○○方住居
捜索すべき児童の氏名及び年齢	○　○　○　○ 平成○○年○月○○日生
有　効　期　間	令和　○○　年　○　月　○○　日まで

　有効期間経過後は，この令状により臨検又は捜索に着手することができない。この場合には，これを当裁判所に返還しなければならない。
　有効期間内であっても，臨検又は捜索の必要がなくなったときは，直ちにこれを当裁判所に返還しなければならない。

　　　令　和　○○　年　○　月　○○　日
　　　　　東　京　簡　易　裁　判　所
　　　　　　　裁　判　官　　○　○　○　○

請　求　者　の　官　職・氏　名	○○県知事　○　○　○　○

引　致　状

氏　　　　　　　　　　名	○　○　○　○
年　　　　　　　　　　齢	平成○○年○月○○日生
居 住 す べ き 住 居	東京都渋谷区代々木○○町○-○○　更生保護施設○○会
職　　　　　　　　　　業	不詳
引 致 す べ き 場 所	東京保護観察所
引　致　の　理　由	本人は，令和○○年○月○○日，あらかじめ東京保護観察所の長の許可を受けることなく，居住すべき住居である東京都渋谷区代々木○○町○-○○更生保護施設○○会から出奔し，以後その所在を明らかにせず（一般遵守事項第4号及び第5号違反），保護観察から離脱したものであって，本人には，遵守事項を遵守しなかったことを疑うに足りる十分な理由があり，かつ，正当な理由がないのに，東京保護観察所の長からの出頭の命令に応じないおそれがある。
有　　効　　期　　間	令　和　○○　年　○　月　○○　日まで

　有効期間経過後は，この令状により引致に着手することができない。この場合には，これを当裁判所に返還しなければならない。
　有効期間内であっても，引致の必要がなくなったときは，直ちにこれを当裁判所に返還しなければならない。

　　上記の者を引致することを許可する。
　　　令　和　○○　年　○　月　○○　日
　　　　　　東　京　簡　易　裁　判　所
　　　　　　　　裁　判　官　　○　○　○　○

請　　　　求　　　　者	東京保護観察所長　○　○　○　○
引致に着手した年月日時及 び 場 所	令　和　　　　年　　　　月　　　　日午　　　時　　　　分
記　名　押　印	
引 致 す る こ と が で き な か っ た と き は そ の 事 由	
記　名　押　印	令　和　　　　年　　　　月　　　　日
引 致 し た 年 月 日 時 及 び 取 扱 者	令　和　　　　年　　　　月　　　　日午　　　時　　　　分

事 項 索 引

条 文 索 引

判 例 索 引

著者略歴　　三好一幸（み　よし　かず　ゆき）

　昭和29年4月30日生，東京都立大学法学部卒業，平成12年8月東京簡易裁判所判事，14年4月広島簡易裁判所判事，17年3月さいたま簡易裁判所判事，20年4月甲府簡易裁判所判事，23年3月東京簡易裁判所判事，26年3月伊那・岡谷簡易裁判所判事，29年3月東京簡易裁判所判事，令和2年3月秩父簡易裁判所判事，令和5年3月東京簡易裁判所判事，現在に至る。

著書　　「略式手続の理論と実務」【第二版】平成29年，司法協会
　　　　「民事保全の理論と実務」　　　　　平成30年，司法協会
　　　　「刑事公判の理論と実務」【第二版】令和元年，司法協会
　　　　「少額訴訟の理論と実務」　　　　　令和3年，司法協会
　　　　「民事調停の理論と実務」【第二版】令和4年，司法協会
　　　　「民事訴訟の理論と実務」【第二版】令和5年，司法協会
　　　　「令状審査の理論と実務」【第三版】令和6年，司法協会

令状審査の理論と実務【第三版】

2024年4月　第1刷発行

著　　者　　三好一幸
発 行 人　　松本英司
発 行 所　　一般財団法人　司 法 協 会
　　　　　〒104-0045　東京都中央区築地1-4-5
　　　　　第37興和ビル7階
　　　　　出版事業部
　　　　　電話 (03) 5148-6529
　　　　　FAX (03) 5148-6531
　　　　　http://www.jaj.or.jp

落丁・乱丁はお取り替えいたします。印刷製本／星野精版印刷(株)(139)
ISBN978-4-906929-99-3　C3032　￥3200E